U0866748

最新版

READY
FOR
ANYTHING

52 PRODUCTIVITY PRINCIPLES
FOR WORK AND LIFE

搞定 II✓

提升工作与生活效率的52项原则

[美] 戴维·艾伦（DAVID ALLEN）◎著

王勇◎译

中信出版集团 · CHINACITICPRESS · 北京

图书在版编目（CIP）数据

搞定. 2，提升工作与生活效率的52项原则 /（美）艾伦著；王勇译. -- 2版 --北京：中信出版社，2016. 5（2024.11重印）

书名原文：Ready for Anything：52 Productivity Principles for Work and Life

ISBN 978-7-5086-5480-5

I. ①搞… II. ①艾… ②王… III. ①时间－管理－通俗读物 IV. ①C935-49

中国版本图书馆CIP数据核字（2015）第208926号

搞定II——提升工作与生活效率的52项原则（最新版）

著　　者：[美] 戴维 · 艾伦
译　　者：王　勇
策划推广：中信出版社（China CITIC Press）
出版发行：中信出版集团股份有限公司
（北京市朝阳区东三环北路27号嘉铭中心　邮编　100020）
（CITIC Publishing Group）
承 印 者：北京通州皇家印刷厂

开　　本：880mm×1230mm　1/32　　印　　张：8　　字　　数：170千字
版　　次：2016 年 5 月第 2 版　　印　　次：2024 年11月第 23 次印刷
京权图字：01-2010-6583
书　　号：ISBN 978-7-5086-5480-5 / B · 192
定　　价：32.00元

服务热线：010-84849555　　服务传真：010-84849000
投稿邮箱：author@citicpub.com

献给曾指导我学习与成长的诸位，
无论他们知晓此事与否

gtd

目 录

part 2 高效关注

part 3 建立有效的制约机制

轻松实现轻松做事

效率最高的工作方法可以让我们付出尽可能少的代价去做事，不管是制造家具、修建高速公路，还是享受生活。不过，我们需要付出“代价”这个现实情况还是说明：如果想要做什么事情，我们仍难免遇到阻力和障碍。要提升效率，我们必须高效地处理工作过程中出现的障碍和干扰因素——任何阻碍我们前进或削弱我们前进力量的因素。在完全无阻力的世界里，我们几乎能够心想事成，没有多少必要去训练更大的灵活性、更集中的精力，或者“安装”更好的系统、采用更好的方法。然而，在你我所在的世界里，要想真正有效地实现自己的目标，我们必须做好一切准备。而有些事情则是我们大家随时都能去做的，这样就可以更轻松地完成各种工作。

我已经花了20多年的时间探索以更轻松、积极、可持续的方式生活和工作的最佳策略。作为一名管理顾问和效率培训专家，我曾经帮助成千上万的人掌握我发明的最佳方法，帮助他们更有效率地工作，并从工作中得到更多乐趣。无论从事什么工作，如果能够学会一种在日常生活中保持这种平衡的方法，人们就可以更轻松、更频繁地利用自己的直觉，发挥自己的创造力。他们会变得更善于处理信息、管理自己的思想和感情、关注结果，而且更加相信自己在下一步行动方面所做的判断。他们有一套系统的方法来应对自我和工作中的问题，与单纯依靠心血来潮式的反应来摆脱自己世界中的压力和危机相比，这套方法要有用得多。如果人们知道自己有一套流程可以应对任何情况，他们就会感觉更放松。放松之后，一切都会改善。更多的事情会得到处理，付出的努力却更少，而且还会产生许许多多奇妙的边际效应，从而增加他们努力所带来的成果，提升生活质量。

我传授的方法源自我研究出的行为和系统，这些方法在维持我们的最佳状态方面效果最佳。从20世纪80年代早期开始，我们就在测试这些方法，结果发现相当有效——无论是对个人，还是对组织来说。在第一本书《搞定I——无压工作的艺术》（最新版）中，我曾经描述过这次发现的具体步骤和过程。该书在世界各地获得的成功表明：各种文化背景、从事各种职业的人似乎都很喜欢书中的信息，渴望改变。他们厌倦了工作和生活的压力。他们希望重新获得已失去的创造性思维和游戏机会。他们在寻找一种新方法，希望有一套可以依赖的系统，无论自己是在从事什么工作、过什么样的生活。他们希望有一个结构，一个与他们复杂的生活方式相匹配、创造更多自由而不是更多约束的自然结构。

在探索并贯彻我所提方案核心内容的要素、来源以及方法细节的过程中，我开始做另外一件事：我开始撰写关于这些步骤背后原因的文章。为什么它们的效果这么好？为什么它们始终能帮助人们更好地发挥作用，让人有更好的感觉？这里是否有某种深层原因在发挥作用？这次成功的基础是什么？似乎有一些根本原则支撑着整个方法，无论方法用于何时何地，或者跟谁一起使用，这些因素似乎都能成立。

一个人即使对重力一无所知，也可能成为出色的赛车手，尽管重力是影响赛车手一切所作所为的潜在力量。要想在比赛中获胜，赛车手只需要熟悉驾驶要领，控制好直道的速度，掌握好弯道的行驶技巧，同时记住始终控制好赛车即可。你做好自己的工作，重力也会做好它的工作。管理好你自己，汽车就不会有问题。但如果一段时间之后仅仅速度快还不够呢？如果你想更多地了解自己的驾车技巧何以如此有效，想知道这些技巧是如何避免撞车和起火的呢？如果你想更加清楚地了解成功背后的秘密呢？如果了解这些秘密可以让你掌握更多提升效率的工具，做出更大的成绩呢？

1997年的时候，我编辑了一套似乎是高效行为基础的原则，开始探讨这些问题，并开始撰写随笔，阐述这些原则的意义和在生活中的应用。我开始进一步阐述我的理论前提，那就是一个人提升效率的能力与他休息的能力成正比。我研究了高效行为的4个主要方面：

1. 把握我们所有内部和外部的“未竟之事”，恢复到目标明确、精力充沛的状态。

2. 在承诺要完成的多个层面的结果和承担的责任中，有意识地保持自己的关注重心。

3. 创建值得信赖的结构并持续使用，从而引发适当的关注和必要的行为提示。

4. 把一切建立在灵活机动的行动基础之上。

我发现人们并不需要更多的约束，而是需要一种训练有素的方法。他们不需要更努力地工作，而是需要更加详细地明确自己在各个层面承担的工作，同时集中注意力做好这些工作。

这一切的背后就是“心如止水”的理念，这一理念是我多年前练习空手道时想出来的。如果你向池塘中扔一块石头，水面会出现什么情况？它会极其自然地根据石块的力量和重量做出反应，既不多也不少。既不会过度反应，也不会反应不够。而从另一角度说，它自己其实根本不会做出反应，只是与石块发生相互作用，然后恢复到自然状态。水的这种做法只能是由于上天的刻意安排。人类要想做出这种反应，就必须具备一种有意识的系统，而且这种系统必须基于能够抵御混乱和压力的原则。这些原则必须跟我们本性中更深刻的某些东西相一致。

开始写作随笔两年之后，我决定编写一份电子简讯，发送给开始熟悉我的方法的读者。我的想法是联系一批实践者，建立一个交流社区，让专心做好工作的人可以分享他们的最佳做法与生活体验。每期电子简讯的目的，都是为了强化、扩展轻松控制和优秀业绩背后的理念。当时我拿不准人们是否会有回应。

结果超出了我的预料。在两年内，我们的读者人数增长了10倍，订户从2 000人增长到了2万人。第三年之后，人数增长到3万人，而且还在迅速增长。人们通过自己的网络通信工具把电子简讯发送给自己的亲朋好友。通过电子邮件，电子简讯被发送到了全国各地、世界各地。有些人把我们的方法打印、装订起来分送给朋友和同事，还有些人把它们张贴在工作场所的电梯里。有些文章更加倾向于务实的建议，还有一些文章探讨了表层之下的东西。这一切都在帮助我增加对“原因”的了解，为此前的内容增加了价值。

压倒性的正面反馈表明，人们似乎都渴求基本问题得到阐明、细微之处得到探讨，也期望获得最简单的技巧、工具和意识带来的惊喜和冒险。这些人也根本不是参加“提升生活品质”这类课程的人，因为使用这种材料得到的最深刻的回报，都属于一些地球上工作效率最高的人，其中有许多人已经处于效率最高者的行列，无论你根据什么标准来评判。

是该把手头的材料整理成一本著作了。

随后的原则、评论以及短文组成了一个思想整体，我相信它能够为你提供超越建议或诀窍的内容。无论人们是否完全贯彻实施我在《搞定I》（最新版）中提出的最佳方法，仍然有许多事情他们可以做得更连贯一些，从而提升效率、改善生存状况。你会发现，在这些原则和短文中，这些元素得到了验证和强化。

我的文章已经按照它们支持的观点被分成了高效行为的4个领域：完成、关注、结构和行动。这些原则和短文之所以如此分类，并不是要把内容限制在这些标题之下或详尽地阐述这些话题，而是要激发你的想法，寻找更好的处理问题的方式。

有时候个人（或群体）通过完成旧的项目或清空障碍就可以获得最大收获（第一部分）；有时候关注恰当的对象是最关键的部分（第二部分）；有时候在其他一些情况下结构和系统是发展最重要的因素（第三部分）；也有时候只需单纯放弃追求完美，只要推进工作即可（第四部分）。所有这些方面都很重要，但通常情况下，一个具体的方面将会成为把效率提升到一个新层次的触发点。第五部分则提供了核查清单供读者参考，提醒读者要掌控流程需要注意的主要环节。

你会注意到，每个章节并不是对某项原则的准确阐释；[①]而每章末尾的“顺便想想……”，也只是让你“回过头来”想想如何应用原则的催化剂。人类的行为和意识可能会同时具有真

① 这些原则是针对本书编排的顺序，不是按照它们在电子简讯中出现的顺序（最初的数字顺序也是随机安排的）。此外，有些短文现在搭配的原则跟最初的搭配对象也有所差异。

正简单、真正复杂而又可以无限探索的特点，而我的做法是尽量避免过于牵强地下结论。但你至少会发现一些线索，可以了解工作如何在更高的层面起作用、我们如何发挥作用，以及世界如何运转。在你消化吸收并将这些原则付诸实践的过程中，很有可能你将对整体的工作和生活做出更大的贡献。阅读本书可能会强化你感官方面的某些细微变化，从而带来行为的变化。行为的变化将会带来行动的变化，自然也会带来结果的变化。事物以螺旋状向外发展，越变越大。变化出现，而积极的转变也就发生了。最经常出现的情况是，些微小事，因为在战略位置上坚持不懈地做，最后带来了最大的变化。

正如我前面提到过的，你可能用不着更加努力地工作，你也可能感觉没有必要执行《搞定I》（最新版）中提供的按部就班的系统训练内容。但有些时候，你可能还是需要更好地管理自己未完成的工作，更好地发挥创造力，更宏观地考虑问题，思考的时候精力更集中，利用你的直觉，打造更好的结构，更灵活、更放松，或者就是一步步实施后续步骤。做到上述某个方面或所有方面都可以让你提升效率。在所有这些领域，本书都为你提供了重要的视角，或许就是让你开始进入获益丰厚的新表达层面的钥匙。

你可能会感觉本书的材料有点熟悉。这并不是说你在其他地方读过，而是你会感觉书中的内容都是你凭直觉已经了解的。要从本书得到收获，并不需要新的技巧，也不需要学习一套复杂的新系统。本书可能会证实很多已经了解的东西和正在采用的有效手段。但你也将面对是否能将这种意识以更清醒、更连贯的方式加以使用的挑战——而这才是真正的力量所在。本书汇集了各种有效的视角和行为，可以随时随地派上用场。虽然每一部分都有自己的优点所在，但作为整体而言，它们也即将为读者提供更为全面的丰富背景体验。无论你是一时心血来潮地阅读还是通篇读完，我都建议你在阅读的过程中以一种更加动态、积极的姿态去准备，以便这种更宏大的场面在生活中呈现出来。

我仍然在为探讨及感受个人效率原则的似乎无限的途径感到惊讶。我们不同的旅程总是会回到一些同样的基本真理，但我们的探索却以更深刻的新方式引导我们再次去关注这些意识。本书阐述的思考方式无疑将会打开更多的通道、引发进一步的发现。一个层次的意义将会带来另一个层次的意义，而且这个过程将循环往复下去，螺旋将进一步扩展。对我来说，考虑本书没有涉猎的内容几乎就像考虑书中已有的内容那样感觉妙趣横生、令人鼓舞。我希望你能像我这样，把本书看成是一个途径，而不是戏剧的最后一幕。

武术家的"就绪状态"并不是被动的消极反应，也不是有限的反应，而是完全动态、充满生机、极具创造力又非常膨胀的反应。但这种反应并非免费的午餐，它是通过工作和生活中一天天的精心训练和体会而造就的。希望本书中总结的原则能够成为你前进道路上的路标。

gtd

part 1

理清头绪，发挥创造力

情况糟透了。因为手头有太多的工作，我们根本没有时间去逐项完成。如果不是要做这么多的工作，我们在细节方面会处理得更好。小小的蚊子可能会让你捕杀大型猎物的努力落空。成功固然在望，道路却充满艰辛。有时候，提高效率最有效的途径就是摒弃陈腐观念，处理好未完成的事务，以及清除各种障碍——影响前行的种种琐碎事务。

第1章
理清思路，确立新方向

无论是重大项目还是一堆有待清理整理的旧任务，只要能够及时完成，都可以为将来的工作在精力方面打下更扎实、更可靠、更全面的基础。我们经常拿不准随后会出现什么情况或要解决什么问题。在这种情况下，你只要毫不迟疑地清理或完成某件事——你面临的最显而易见的事务——就可以了。很快，你就能够搞清楚随后将要发生什么事情，而且你也已经做好准备，在各个方面都能做出更有效的反应。请整理一下办公室的工作篮，清理一下电子邮件，或者整理一下办公桌的抽屉。不管怎样，你一定要抽时间去做。

为未知情况做好准备了吗?

有件事情，很可能在几天之内将要改变你的世界。现在你对这件事一无所知，也不知道它跟什么东西有关，但它是注定要发生的，注定要让你遭遇意料之外的突变。这件事可能很快就会发生，也可能在一段时间之后发生，但一定会发生。请相信我。

在你的日历上，在从今天开始四周之后的那一天所在的位置，请一字不差地写下这句话："戴维·艾伦一个月前曾说过，有一件无法预料的事情将会对我产生重大影响。"看你能不能证明我说错了。

你准备好了吗？因为感觉局面更加难以控制，这一意外事件是否同时会让你有雪上加霜的感受？或者，你是否要将其视为发挥创意从而达到表现自我、奉献自我新境界的良好契机？新的经历总是会让你在前进的道路上遭遇突发事件，你是如何准备的？

我认为，大致说来，无法预见的机遇要在两个层面加以应对。

> 1. 精神层面：假如上帝代表着万物，而你只是万物之一，那么只要放松身心即可。
>
> 2. 所有其他层面：这一层面你必须有条有理地筹划好，以便可以根据需要做出调整。

亚洲有句谚语说得好："平时多流汗，战时少流血。"军队的这一模式有一定道理。在军队里，你要么是在作战状态，

> 在有张有弛中，我们才能实现心智的提升。
>
> ——塞缪尔·约翰逊（Samuel Johnson）
>
> 正是宽容之举打开了以创造性方式思考未来的唯一可能的通道。
>
> ——德斯蒙德·威尔逊神甫（Father Desmond Wilson）

要么是在训练状态。大部分人只是在下面的情况下才做好改变的准备：开始漫长假期的几天前，离婚后不得不变卖全部家当搬离居住地的时候，或者生活中的某个重大事件迫使他们重新反思一切、想清楚他们的承诺和“材料”（stuff）的时候。在这种情况下，他们开始整理、废弃或重新制定与自己和别人有过的“协议”。

我建议你每周都这样做。你要把自己的事情安排得有条不紊，这样一来，如果员工会议未能及时召开，你也可以整理一下工作篮，或阅读那些堆积如山的资料。要么在等待配偶的时候，你可以看看自己是否可以用这段时间打个电话，完成某项事务。据我了解，在这个星球上，没有几个人高度重视自己的时间和手头的工作，努力让分分秒秒发挥最大效果。如果你没有这样利用自己的时间，我就要问了：为什么不这样做？

你上一次更新自己的项目清单（仅靠一项行动无法完成的那些工作），使其符合最新的进展、把各项工作安排得井井有条是在什么时间？这项工作的搁置程度也就是你承受不必要压力的程度。

即使目前还不具备，你也一定要准备一下随时可派上用场的捕捉思想的这种工具。无论何时何地，只要有新的想法产生，你就应该及时加以记录。你需要的是能随身携带的一种工具——不管你是在海滩上、健身俱乐部里、办公桌旁，还是准备外出用餐。如果你把它跟钱包放在一起，那将很有帮助。随着年龄的增长，无论是在个人生活中还是在事业上，你都会变得越发明智、更加老练，而你对某件事情最出色的创意，也就越有可能在不可能实现的时候诞生。

你或许也明白，你应该把头脑中具有潜在价值或代表与自己及其他人潜在一致性的一切都充分加以利用。但要实践这一点，你首先要在它出现时能及时将其用文字记录下来。阅读这部分内容之后，如果想到任何“要做的事情”，你会把它记录在哪里？袖珍笔记本、3×5（英寸）的卡片、微型录音机，随便什么都行。

> 如果你无所不知，那么你就像漆黑的夜空，有时划过一道闪电。闪电过后，你会彻底将其遗忘，留下的只有漆黑的夜空。天空从不会因为突然闪过的雷电而感到惊诧。雷电闪烁的时候会出现奇妙的景观。如果我们有虚空之境，就会始终做好观赏闪电的准备。
>
> ——铃木俊隆
>
> （Shunryu Suzuki）

把这种随时可以应用的思想捕捉工具准备妥当，让它像生活必需品一样发挥作用。外出时如果不带这种工具，你应该感觉就像赤脚外出一样怪异。这样它就会引领你进入创造性思考和工作的全新境界。

顺便想想……

- 你那些潜在的可清理区在哪里？
- 拿不准还有什么事情要处理时，你接下来会如何去做？
- 今天你能谅解哪些事情？

第2章
知道哪些事情自己尚未做，你才会为之心安

压力的根源在于自己没能履行协议。要缓解压力，只有通过解除协议、履行协议或重新商定协议。但是，如果与自己达成的某些协议已经忘记，你就无法与自己重新协商。由于人类的心理内存没有过去与未来感，那里存储的东西会一直敦促你去将其完成。要减轻压力，你必须把这些事情变成要自觉完成的任务，而且要始终如此。

“井然有序”为何经常失效

几天前，一件平淡无奇的事情再次让我很受震撼。很多人对“井然有序”很敏感，因为他们虽然在工作中使用了项目清单，

> 清理一下你的大脑，这比清理肠胃效果更好。
>
> ——蒙田（Montaigne）

但却一次次与成功擦肩而过。这些清单之所以没有奏效，主要是因为它们试图将截然不同、相对独立的功能融入一个事件、一个背景之下。如果你尽量把某件事情搞得过于简单，就会让所有其他事情显得更复杂、更困难。是的，我们大家都曾面临诸事临头的困窘局面，而且通过“列出清单”确实也可以获得暂时的平静，但这些治标不治本的手段作为长期战略并没有效果。

坐下来列清单时，大多数人实际上是在竭力融合我们为掌握工作流程所确定的5个阶段：收集、处理、组织整理、回顾和执行。同时他们也在努力理清思绪，确定各项工作的内在含义，以某种符合逻辑或富有意义的方式加以安排，匆匆忙忙地权衡轻重，然后决定要完成的“最重要的”工作。这样做的人得到的回报通常是混乱局面暂时得以消除，但令人痛苦的是，他们可能要面对那些没搞清楚、未加处理、有待整理以及未加重视的事情带来的不良影响。

> 凡事应该尽量简单，直到不能再简单为止。
>
> ——阿尔伯特·爱因斯坦 (Albert Einstein)

在多年的研究及培训过程中我们发现，工作流程管理划分的不同阶段，工作最好单独完成。首先你要收集自己头脑中的大大小小的各种想法；然后你需要评估清单中的每个项目，考虑一下，“这事可行吗？”如果可行，结果会如何？下一步该如何行动？随后，你要把这次思考的全部结果进行整理归类。

在这个时候，参考决策的各种标准（时间、精力、背景、轻重缓急等），清楚地审视一下自己面临的种种选择后，你就可以做出最佳选择。

自我管理十分简单，但不能简单管理。

找一支书写流畅的笔，花上5分钟时间，把头脑中出现的各种想法都“倾倒”在纸上。不要马上分析或整理。如果你写下的内容有意义，过一段时间之后你会明白的。现在需要做的，就是“倾倒”。要让自己有专心做一件事情的自由。充分发挥你的创造力，做一个梦想者，表达并记录下你的全部想法，不要考虑将其付诸实施的任何责任问题！然后，等你准备成为管理人员时，你可以回头思考一下这些事情，确定它们的意义以及你要采取的行动。之后，你就可以以管理者的身份出现，在所有这些选择项中，做出符合时间和地点的战略选择。每件事都是一项艰巨的任务，需要全力以赴，还需要具备优秀的洞察力。不要把它们混为一谈。

顺便想想……

- 你上次毫无保留地“倾倒”内心的想法是在什么时候？
- 你有自己不愿意看到的待办事项清单吗？
- 假设不必担心自己没完成的事情，你将会怎样呢？

第3章
理清承担的任务，可以更好地选择新任务

不了解自己目前工作的整体情况，你就无法充分认识到哪些工作是你不能承担的。由于品性正直，你不忍拒绝无穷无尽的新任务。如果你有意识地去了解一下自己承担的全部任务，你的正直品性将迫使你去区别对待甚至拒绝接受新的任务，因为你对自己的能力有了更清楚的把握。例如，假设你把要阅读的材料放得随处都是，那么你恐怕很难从头到尾读完其中一部分。把它们都集中在一个地方，只需花两分钟浏览一下，你就可以读完许多材料。

如果中心成为边缘

我所在的工作技巧培训界有个贯穿始终的话题：自由与控制的理想结合点在哪里？在什么情况下，组织会过于死板？控

制会过于严格从而成为限制？另一方面，在什么情况下，宽松的环境会失去效果?开放思维会让人精疲力竭？无忧无虑会变成漠不关心？

我们习惯于认为界限会限制我们的行动，例如有人会说："不要阻拦我。"但我们也接受过这样的教导：要完成某项工作，我们要承受压力、拼命努力才有成效——"要埋头苦干"。到底哪种方法最好呢？

> 如果一个人能准确地评判自我，同时还能恰当地平衡自己的能力和欲望，那么这个人是幸运的。
>
> ——彼得·梅雷·莱瑟姆（Peter Mere Latham）

这并不仅仅是一种理论或哲学层面的探讨。如果每天收到400封电子邮件和100封语音邮件、每天遭受50次意外干扰，那么你就必须面对自由与控制的选择问题。因为上述因素的存在，热衷于自由的人会感到沮丧，认为受到了干扰，所以选择漠视这些影响（那些轻松有趣、确实"热门"的问题除外）。或许是由于担心各种因素之中会诞生更宽泛

> 这里我们一定要避免两种互补性的错误认识：一方面，我们会认为所在的世界具备一种独特的、固有的、事先存在的结构，有待我们去理解、把握；另一方面，我们又会认为世界是完全混乱无序的。学生经常犯第一种错误，他们会为天文学家发现太空中遥远星座的真实名称而惊叹。第二种错误是刘易斯·卡莱尔笔下的海象经常犯的：它把鞋子、船和火漆归为一类，把白菜与国王归为一类。
>
> ——鲁本·埃布尔（Reuben Abel）

的工作重心，控制狂则是通过各种规则、媒介以及涉及细微环节的层层文件夹来限制生活的范围。

每个人都可能跟这两方面发生关联。我们希望有能力控制，但却不希望受到约束。问题源自通常与“控制”观念相伴的一些消极内涵（以及实际经历），因为“控制”具有约束性和限制性，就如同被囚禁在监狱中一样。有一种方法可以从这两个方面同时获益。具体做法就是通过两种基本手段开展工作：专注与合作。

把这两种手段结合在一起，我们就可以拥有我们渴望的自由和需要的控制，从而充分提升效率。无论是从物理学的角度看，还是在日常生活中，专注都是获得力量的关键，合作则是促进能量有效流动的润滑剂。这一点可以在优秀运动员的身上得到完美的体现。他们极其专注，高度注意比赛现场的情况，能充分利用自身力量去取得最佳成绩。

要处理好电子邮件，你也必须专心致志。当前你正在做什么？每次邮件交流与你所做的工作有何关联？而且你一定要具备合作精神。电子邮件就在那里——都是你写的或至少是经过你允许的，因此你必须制定某种策略、创建某种流程来处理电子邮件。两种方法可以相互促进。为了超越阻力、避免干扰，你必须与自己以及周围的世

> 做好需要做的事情属高雅之举，不去做不需要做的事情同样如此。人生的智慧在于去粗取精。
>
> ——林语堂

界合作，这样你才能够做到专注。为了把握事物的本质更好地与人合作，你也必须集中自己的精力。

要想妥善处理生活和工作中的种种事情，你需要密切关注当前所做的事情，需要高度的自觉意识，还要主动接受自身世界的种种细枝末节。这种境界听起来可能很容易达到，但是，要始终明确自己当前的作为和前进的方向，要明确自己承担的任务并以积极合作的态度应对未知的因素，可是需要高明的手段。如果能做到这些，你也就可以集中全部精力去完成当前的任务了。

顺便想想……

- 你真正希望摆脱的是什么？要达到这个目的，在哪些方面需要哪些规则限制？
- 在哪些方面你可以更加放松？
- 在哪些方面你可以加强管理？

第4章
要实现未来的目标，首先明确当前的位置

除非你清楚自己所在的位置，否则地图根本没有任何价值。确定自己的时空位置可以为你的行动提供参照点：还要付出多少努力？要朝哪个方向前进？客观地评估自己当前的现实情况有助于减少混乱，避免出现偏差。无论是在你的公司里、你的项目方面，还是在你的生活中，要想取得明确进展，关键的一点就是与他人就当前的真实情况达成一致的观点。

忘记未来——首先把握现在

关于个人成长有句老话："有些东西，你越是抵制越难以摆脱。"最近我一直都在体会这句话对许多人和他们的工作来说是多么正确。如果你不清楚自己当前的工作究竟是什么，而且也不愿意去整理一份全面客观的清单，那么要想让自己的工

> 对未来的真正慷慨，体现在把自己的全部奉献给现在。
>
> ——阿尔伯特·加缪（Albert Camus）

作与众不同或更为出色，将很有难度。

经常有人问我：“该如何确定各种工作的轻重缓急呢？”我总会反过来问一个相同的问题：“你从事什么工作？”要弄清哪些工作比其他工作更重要，你必须对自己希望保持的状态、实现的目标或经历的情况有一个参照点，因此你务必清楚自己的工作是什么。但是，当前你的“工作”的整体状况如何？这一点很少会像大部分人想象的那样一目了然。

你可以通过回答另外6个问题来回答这个问题。问题如下：

1. 当前你承担了哪些任务？这里指的是你承担的工作和责任方面需要立刻采取的具体行动，包括电话、电子邮件、交谈、杂事、集思广益产生的创意等等。一般来说，每个人每天总会有大约一两百件此类事情要做。

2. 目前你正在做的项目有哪些？这里指的是你自己愿意去实现的目标，通常不是简单的一举一动就可以完成的，比如为汽车更换轮胎、安排孩子参加夏令营、收购一家企业等等。多数人每天有30~100件这样的事情需要完成。

3. 你当前的职责范围包括哪些？多数人都有10~15项职责，包括工作的主要领域（员工培训、资产管理、规划、客户服务等）以及生活中的主要方面（理财、健康、家庭、家务、职业、娱乐等）。

4. 你的工作和个人事务明年会如何变化？这里指的是一个人在未来几个月里决心实现的目标，包括行动目的、变革的意图、大型项目等等。

5. 你的组织、职业和个人生活将会如何变化？这里指的是更宏观的愿景，是对未来几年发展的长远规划。

6. 你为什么生活在这个星球上？这里指的是你的生活目标——作为人类的一员你要承担的“工作”。

如果你能全面地整理出这6个层面涉及的所有与你相关的工作、事务和项目，那么你就对自己的工作有了准确的把握。然而，据我所知，就连接近完成这方方面面的问题那种境界，也没有几个人能达到。

我经常会花10~15分钟的时间，去帮助一个人了解所从事工作的两个最平凡、最实际的层面：当前的行动和承担的项目。如果不把这份清单具体化，从而在这些层面清除心理障碍，那么人们就很难跟老板、商业伙伴或

> 你需要大约10年的时间，才能习惯自己的年龄。
>
> ——佚名
>
> 纪律不等于压制和控制，也不是去适应某种模式或思维体系。它意味着我们要去探究事物的本质，并从中有所领悟。
>
> ——J · 克里希那穆提（J. Krishnamurti）

配偶探讨调整工作的问题，也难以应对婚姻关系中需要做出的变化。未能解决当前最实用层面工作中基本问题的那些人，往往不愿去认真思考需要做出何种变革，以适应公司、世界和生活中始终发生的变化。

好多人对将来从事的工作或自己的发展方向感到迷惘。但是，如果没有基于现实的参照点，他们就无从理解自己在生活各个层面所处的位置。他们就像“飞翔的荷兰人”鬼船，注定漂泊不定。不过，只要搞清楚并统筹好当前需要处理的诸多事务，哪怕只是完成很小一部分，也会激发你的天赋灵感和创造力，以更好地应对未来——而且你无须再投入任何精力。

如果不清楚自己在地图上的位置，那么不管目标多么明确，你出门后也不知道自己究竟该左转还是右转。认清自己目前工作和生活的整体状况是一项真正的挑战。但是，接受现状将帮助你改变这一切，而且是以极其积极的方式改变。

顺便想想……

- 你当前的状况如何？让别人进入你的生活帮助你了解现状会有帮助吗？
- 对于目前你认为是问题的某件事情，导致你认为它存在问题的实际数据是什么？你能换个角度看这些信息吗？

第5章
以有限的可能，去利用无限的机遇

如果你总想完成一切、拥有一切、成就一切，那么迟早会精疲力竭。努力奋斗的过程中，你总是想要实现“更多更好”的目标。想要搏击潮头而不是溺水而亡，你必须将众多“期望目标”限制在切实可行的范围之内。宏大的构想需要聪明才智和有意识的约束，才能持续发展。

有效管理工作流程

我参加过多次广播与电视访谈节目，就是那种给你大约53秒的时间，让你来讲解健康、财富、幸福等方面秘诀的节目。由于时间的限制，我只能把所讲的内容凝练概括为最关键的部分。他们经常提到的一个典型问题是：“戴维，我们做的哪件事影响工作效率呢？”我给出的回答是：

“并不是一件事，而是5件事结合在一起影响了工作效率。大家都有自己的想法；对于自己知道需要采取行动的事情，他们并没有下定决心去做；他们不按照功能分类安排行动提示和支撑材料；他们不注意保持并及时审查全面客观记载各项工作的清单；最后一点，他们浪费精力，最终精疲力竭，被迫在眉睫需要处理的事情逼得手忙脚乱，一心希望那就是最该做的事情，但却从没体会过做对了事情的那种放松感觉。”

我如何去做呢？

> 拥有太多并非不可能。有一只表的人能够知道时间，有两只表的人就永远也拿不准了。
>
> ——李·西格尔（Lee Segall）

> 如果不加控制，工作就会涌向能干的人那里，直到把他淹没。
>
> ——查尔斯·博伊尔（Charles Boyle）
>
> 如果生活对人们的要求超过了人们对生活的要求（情况通常如此），那么我们对生活的憎恨就会变得像对死亡的恐惧那样根深蒂固。
>
> ——汤姆·罗宾斯（Tom Robbins）

我只是简单地列举了工作流程管理各环节（收集、处理、组织整理、检查回顾和执行）中最糟糕的一些做法。我不能对采访者说其中任何一项是问题所在。在整个工作流程管理过程中，你可能会将其中4个环节做得非常出色，可一旦某个环节有所差池，那么整个流程就会前功尽弃。整个流程的完美程度取决于链条上最薄弱的那个环节。

多数人只是把事情记在脑子里，这样做原本就会导致流程短路。也有很多人写下很多内容，但却没有决定随后要采取什么样的行动。即使有人确实考虑要采取行动（在陷入危机模式之前），他们也没有安排行动提示，结果原本应该采取行动的时候却得不到提醒。即使有些人真正受到鼓舞，效率猛增并确实整理出了清单，其中的大多数也会放任他们的系统迅速过时、不再协调一致。发展到最后，离开了思考工具的关爱和支持，生活与工作就成了被动的反应，而不是有明确指导的行动选择。

"那么，戴维，我们该怎么做呢？"（有些采访者居然会再给我53秒去回答这个后续问题。）

"要把5个环节的最佳行为方式融为一体，"我告诉他们，"把头脑中的一切用纸和笔记录下来。出现情况及时决策，不要等到于事无补的时候。安排项目各个环节的行动提示，按照适当的类别安排随后的行动。确保系统全面并能得到及时更新，认真审查系统的合理性，确保根据直觉做出的行动（以及不行动）决策是正确的。"

我感觉原本可以说得更简洁一些："关注积极的结果，对最重要的工作要不断采取后续行动。"但是，谁不明白这个道理呢？坚持不懈地贯彻这条原则，将其彻底融入生活的方方面面，这才是我们面临的最大挑战，要做到这一点可不那么容易。

顺便想想……

- 近期你仔细阅读过自己的工作职责（4~7个关注层面及责任）清单吗？
- 为了保证你已经明确了所有必要的项目并使它们完整无缺、符合标准，你分析过个人生活中5~10个关注层面（健康状况、财务情况、事业发展、婚姻关系等）吗？

第6章
一心二用带来压力与失败

在你的潜意识里，你很清楚自己承担的所有事情，无论是大事小事、个人事务还是职业问题。这些事情都存储在你的“心理内存”中，除非你有意识地进行客观的检查回顾。不过，你的心智的这一部分并没有过去与未来感，因此一旦需要容纳两件未完成的事情，你就会感到沮丧和焦虑。你的创造机能努力想要去一心二用，可这是不可能的。尽管如此，它却不肯放弃，一直在不断尝试、尝试、再尝试……

搞定：消极反应还是积极应对？

最近有人评论说，跟一开始就强调轻重缓急和“宏观情况”的其他一些方法相比，我的GTD（Getting Things Done，把事情做完）系统相对更“消极”。这种批评也可以理解。

> 着手新项目并不一定就是积极的变化，它还可能是鲁莽行事甚至旧项目没有完成的标志；但是回顾一下各个层面没有完成的任务并逐一完成，却是积极变化的标志。
>
> ——约翰–罗杰（John-Roger）

我们做的多数工作中，首先关注的就是你办公桌上堆积的文件、你头脑中精神方面的便利贴（“应该做的事”以及“需要做的事”等等），以及邮箱中堆积的成百上千的电子邮件。着手工作时，我们并没有重点分析你为何会有堆积如山的文件或如何按照重要程度安排顺序。然而，我们看似疯狂的做法却体现出了某种条理性。

把时间和精力耗费在身边细枝末节的问题上可能会被视作消极之举，但事实果真如此吗？无论是从生理角度还是从心理角度，你都让这些情况影响到了自己的世界，而你做出的反应（或缺乏反应）也直接影响到你控制自己全部心理资源的精力和能力。我们的流程会（以温和的方式）迫使你对这些情况做出反应。情况究竟怎样？你做出了何种承诺？要兑现这种承诺，你随后要如何行动呢？要想把每件事情都处理得非常妥当，你要考虑哪些问题？该如何加以安排？

难道我们不该首先考虑目的、价值观、战略目标这类轻重缓急因素吗？放弃关注过去细节的做法，采取更积极主动、更富有创造力、更具前瞻性的做法岂不更好？

确实如此。但是我们之所以通常不这样开局，一个重要的原因就是，如果大部分潜意识精力都集中在心理方面那些“悬而未决的问题”上，你就无法将精力集中于更宏观的问题。为了能够最轻松有效地启动并进入现实性新思维所必需的那种创造性流程，心理内存必须得到释放。

此外，我们之所以做大量的实践工作帮助人们处理种种细节问题，还有另外一个同样重要的原因：我们是在训练一种强有力、高效而又积极的反应行为。很多宣称只有“最重要的事情”才会促使他们采取行动的人，只是到了迫在眉睫的时候才着手去解决问题。实际上，忽视那些虽然未处于紧急时刻但却仍然必须采取行动的问题更是“消极之举”，而不是积极的表现。如果你以为，有了清晰明确而又积极的新方向之后身边的细节问题就会自行消失，那么请重新考虑一下。现在你必须从自己的新视角去安排那些琐事。要么放手，要么存档，要么立即行动，要么委托他人，要么继续进行，要么暂且搁置等待时机成熟。

要学会对引起你注意的各类事情做出行之有效的反应，这是一种大师级的行为方式。事情总是有轻重缓急，而且随着你的成熟，轻重缓急也会发生变化。能够决定轻重缓急或许可以帮你更轻松地决定，自己究竟想读哪本杂志或首先处理哪封电子邮件。尽管如此，能够处理轻重缓急情况的人，却未必就能干净利索地处理各项事务、应对各种新情况。

即使在你认识到自己的某个目标或愿景并努力去实现的

时候，为了表述清楚并及时实现，你仍然需要对其做出“反应”。在感应能力逐渐敏锐的过程中，你也把自己锻炼得具备了妥当评估、处理各种事情的能力，在开展工作时也会进一步成熟，从而取得更突出的成绩。

毫无疑问，我们将引领你探讨调整自我、项目、职位描述、主要关注层面、短期目标、愿景规划，以及存在的终极原因等方面的话题。但是，只有当你妥善处理好当前生活与工作中的所有琐事，而且今后都能严格按照这种方法的约束去做各种事情时，我们才会和你一起去探讨这些话题。如果你还没有处理好办公桌上凌乱的文件和计算机中的电子邮件，那么你仍然缺少做好工作的一项关键要素。

顺便想想……

- 你头脑中仍然有什么念头不时浮现出来，提醒你曾承诺做出哪方面的改变？
- 你今天回避了什么问题？你有什么理由认为明天这个问题会不再存在？现在就将其抛在脑后对你会有多大益处？

第7章
有意识地权衡轻重缓急

有意识地权衡比较自己的全部工作和项目之后，你才能看出孰轻孰重。如果某件事情已经存储在你的记忆（心理内存）中，那么它将占据你原本有限的思维空间，这既不合适，也没有益处，而且它的价值很可能会被高估或低估。无论事情大小，你首先要建立一份完整的、最新的、可以检查回顾的未完成事项清单，这是确保轻重缓急的安排可靠的前提。

“次重要”项目的危险

> 世上无难事，但都是因为你不想去做，事情才变得很难的。
>
> ——特伦斯
>
> （Terence）

在当今时代，有太多个人效率低下是因为缺乏处理次重要事情的能力造成的。你有没有过这样的感觉：因为忙于应付那些迫在眉睫的事情，你根本无暇顾及那些次重要的事情。可是，你能猜到那些迫在眉睫的事情又是源自何处吗？没错，都是源自那些因为紧急事情的影响而被忽视的次重要事情。这种病症并不会自我纠正，而是会自我延续。

> 那些我们有能力去做的事情，同时也有能力不去做。
>
> ——亚里士多德（Aristotle）

我认为，之所以出现这种情况，部分原因在于最近时间管理和优先管理培训中一度盛行的那种按照轻重缓急安排事情的思维方式。我也理解，应该让人们认识到：如果他们能够选择如何利用自己的时间，那么有些选择会比其他选择效果更好。但是，这条原则的消极一面在于回避了管理责任。仅仅因为它们不属于最迫切的，就有许多没有完成的事情被忽略掉。

参加我的研讨会的人经常会说我为什么建议列出一个完整的项目清单，而不计较轻重缓急、时间期限或任务大小。我真正建议大家注意区别的内容非常简单：真正的项目以及将来可能会做的事情。第一个清单要完整地列举全部没有完成，而且靠一次行动难以完成的任务。多数人都有30~100项此类工作。第二个清单则是列举你想在将来某个时间完成，但目前却不想着手去做的那些项目。

如果某件事情出现在项目清单上，那么你就需要将其同等

> 很多人把糟糕的管理与命运混为一谈。
>
> ——金 · 哈伯德（Kin Hubbard）

对待，认真决定随后的行动并定期回顾事情的进展。只要你清楚行动的性质，只要你是有意为之，那么不采取行动也无妨。然而，多数人之所以不愿意着手开展工作，是因为他们并没有停下来思考行动的习惯，结果错失无数推动工作进展的机会，最终演变成为危机。

你要么需要换新轮胎，要么不需要。在某个时间点上，轮胎问题会跨越明显的界限。此前你不需要换新轮胎，此后才需要。一旦有了需要，轮胎问题也就不再属于轻重缓急的范畴了。同样，这类事情也不怎么符合“象限”矩阵。要么我们必须尽快完成，要么不是，仅此而已。

确实，项目一旦跨越了界限，就从仅仅“需要”逐渐过渡到了“迫切需要”的程度。频频出现的情况是，由于在仅仅“需要”阶段没能负责任地认真对待，人们只能到了“迫切需要”阶段才开始重视许多工作。原本应该采取的“给轮胎店打电话咨询价格”这样的行动，结果却变成了“给汽车俱乐部打电话请求修理轮胎”这样的后续行动。

请彻底搞清楚你决心要实现的各种目标（无论目标大小），以及完成它们需要采取的行动。这样，你就做好了准备，可以真正有效地开展工作。你要尽快将每项工作完成，并且对每项工作的进展感觉良好。

客户服务部门不要认为自己有权忽视任何请求或没有完成的事情。如果你确实想为自身服务，你也不会那样做。

顺便想想……

- 有没有哪项工作因为当前似乎不那么重要而被你忽视了？
- 假设这项工作已经完成，那么它有多大的重要性？
- 如果这项工作已经完成，你会有何感受？

第8章
完成未竟之事，释放自身能量

无论看起来多么无足轻重或者我们多么熟视无睹，悬而未决的事情总是会消耗我们的精力，导致我们无法将其派上其他用场。如果这些未竟之事浮出水面并一一获得解决（或者按照当时的进展情况宣布已经完成），那么先前无法利用的能量就会得到释放。

平凡之事的神奇之处

> 当日事，当日毕。你已竭尽所能。你难免会有失误和荒唐之处，请尽快将其忘记。明天又是新的一天，以平静的心态斗志昂扬地好好开始，不要被往日的荒谬之举妨碍。
>
> ——拉尔夫·沃尔多·爱默生（Ralph Waldo Emerson）

要激发富有活力的愿景，最有效的方法就是清理你的车库。别误会，起草一个宏伟的战略规划和把车库整理得井井有条是截然不同的。前者需要注意力高度集中，并能让目光超越当前的现实条件和情况。后者则需要与那些杂七杂八之事进行残酷的肉搏。不过这二者之间却存在着一种微妙而又神奇的关联。

> 好久以来，我感觉生活似乎就要开始了，那将是真正的生活。可是却始终存在一些障碍。有些事情需要先做完，有些事务需要处理，要做满任期，要偿还债务，然后生活才会开始。到最后我明白了，这些障碍原本就是生活。
>
> ——阿尔弗雷德 · 德索萨神甫（Father Alfred D’Souza）

关于如何整理车库，你可能会制订出世界上最伟大的方案。可是等到了星期六，你做好准备要大干一场的时候，先前的设想可能在一个小时内就变得无用了。心中的梦想会引领你不断前行，可在你真正开始投身于这种极具个人创造力的实际事务中去之后，由此引发的灵感却会让你领略到此前根本想象不到的可能性。

或许是因为这项工作让你心生触动，想起了生活中的一些温馨而又极具创造力的问题。（例如，那幅照片是什么时候拍摄的？还记得收集那些岩石的经历吗？）要么是由于为自己造成的混乱情况承担责任的有意之举，自然而然地促使你去采取行动。也有可能是整理好了陈旧而耗费精力的事务之后那种自然的高兴。最终结果与最初预

> 许多人之所以错失机会，是因为机会总是披着工作的外衣。
>
> ——托马斯 · 爱迪生（Thomas Edison）

料的情况很可能看起来、感觉起来都截然不同，而且肯定会好得多。

正是出于这个原因，人们说希望通过“确定事情的轻重缓急”来掌控工作和生活时，我总是持清醒的怀疑态度。这种做法经常只是因为他们不负责任地做着什么事情的时候想要逃避责任。我总是选择去帮他们理清工作、生活以及大脑中的诸多杂乱无章的事务。这样事情的轻重缓急、愿景、计划等也就得以明确，而且根基扎实。而这些方面的情况并不总是人们想象的样子。平凡琐碎之事并没有什么惊人之处，但却是我们做出惊人之举的必经之路。

顺便想想……

- 你何时曾经从平凡的活动中获得过灵感的火花？
- 身边的哪件“未竟之事”需要你付出体力去“挖掘”？
- 你能想象如果不努力会出现什么情况吗？

第9章
如果你一直想着某件事，很可能是还没有搞定

有些事情会一直困扰你，直到你明确这件事的目的（结果），决定如何进展（后续行动），并且把进展安排放到你相信自己需要时可以在适当时间查看的地方。这些做法也可以保证事情得以完成。你要界定何谓“已经完成”，明确“正在进行”是什么意思，还要把这个思考过程的结果安排到一个最方便实施的框架内。

心理内存的基本要素

我最近的一次讲座结束之后，有位管理人员走上前来，满脸惊讶地对我说：“我想你刚才讲的内容可能改变了我的生活。”

“怎么会呢？”我问他。

> 思想不是用来装填的容器，而是有待点燃的火焰。
>
> ——普鲁塔克（Plutarch）

“直到听讲座之前，”他回答说，“实际上我还一直对自己能记住并处理那么多事情而感到自豪，我甚至还在尝试着去扩展这种能力呢！现在我明白了，我的精力可能完全用错了地方！”

时间能证明一切。

很多年前我就认为，人的头脑要么是装东西的地方，要么不是。从智力的角度来说，你如何能证明存在其他情况呢？考虑这个问题的时候，虽然多数人都会说：“不对，要以可靠的方式保存某些信息，人的头脑恐怕不是最佳选择。”可他们却仍然把生活中超过一半的事情保存在头脑中：一大堆将会怎样、可能怎样、应该怎样、需要怎样、或许想要怎样的事务都挤在大脑的同一个地方。

> 生命的唯一目的在于发挥自己的潜能，成为真正的自我。
>
> ——罗伯特·路易斯·史蒂文森（Robert Louis Stevenson）

这些自我承诺如果遗留在脑海中，就会增加无尽的麻烦，不仅得不到解决，而且会导致内心冲突和情绪紧张。一旦你决定做某件事情，只要这件事还没有完成，那么你的大脑就会不断提出要求，结果耗费你大量的心理能量，直到事情最终解决方才罢休。这就是精神业力。“我需要牛奶”和“我需要决定是否收购这家公司”一样，都会占据大脑内存的空间。

解决方法很简单。把要做的事情写下来，分析一下，要么立即着手做，要么对自己说：“现在不做。”请相信，一旦需要重新评估，你就可以再次权衡面临的选择。把事情的安排交给比大脑还要高明的一套系统，这样你的心理能量就可以更好地用于更重要的工作。

这是成年人需要改变的一个重要习惯。即使是我们培训过的精英中的精英，虽然他们真正“掌握”了这种方法的精髓，有时候仍然需要长达两年的时间才能真正践行我们提出的原则。最初实践这种方法的时候，他们立刻感觉精力得到大幅提升，而且控制张弛有道。但是，要真正做到除当前的工作外头脑中只有一件事，那可能要到每天生活中不被占用的最后两小时的时候，但那是技术应用的一个截然不同的层面。

不过，孩子很快就能掌握这种方法。我深信，25年之后，地球上的每个12岁的孩子都会说：“你为什么总要把杂七杂八的事情都装在脑子里呢？这样做多老套、多愚蠢啊！”他们会更好地利用自己的精力，我们一起来帮他们实现这个目标吧！

顺便想想……

- 有哪些尚未完成的事情已经真正被你从脑海中抛开？你是如何做到这一点的？
- 还有哪些事情是你念念不忘的？原因何在？
- 还有哪些事情是你不愿意再考虑的？

第10章 只要有空间，创造力就会展现

这个世界厌恶真空，电流也不会通过阻断的电路。心理空间如果被太多的干扰性因素、尚待处理的约定以及没有完成的工作所占据，其流动也会受到限制。如果好好清理一下通道，你就能培养出几乎自发产生的全新而高效的思维方式。

仅此而已?

多年来，我一直在宣传把头脑中的一切抛开这种做法的好处。我一直很纠结，为什么就连最热情的客户和研讨会与会人员也很难养成这样一种习惯呢？成千上万的人理解

> 我们编织的最大谎言并不是为了掩饰内心的邪恶和丑陋，而是为了掩饰我们的空虚。不存在的东西是最难掩饰的。
>
> ——埃里克·霍弗（Eric Hoffer）

并认同了我对心理内存性质所持的观点：它的空间有限，而且相当混乱，存储的内容要么被过度利用，要么利用不足。那么究竟是什么原因制约了人们充分运用这条原则呢？

> 为了抵达你无所知之地，你必须走一条无知之路。
>
> ——T · S · 艾略特（T. S. Eliot）

这是因为有深层次的原因在起作用，涉及对我们的舒适领域和自我形象的巨大挑战。例如，如果真正能在某个地方看到自己完成的全部工作，我们可能会担心自己做得还不够多。万一这就是真实情况，就是我最大努力的结果，但却不是我认为应该出现的结果呢？在大多数情况下，人们普遍存在这种担心，如果他们确实用心分析的话。在这个世界上，人们最不愿意做的，就是去面对这种可能出现的情况。

将把握不好、没能搞清楚、有待处理的事情装在大脑中会带来不必要的压力。不过如果把它们留在那里，我们就会自欺欺人地相信，我们的大脑仍然有很大的潜力可以挖掘。如果把必须做的一切以及与之相关的建设性想法都记下来，我们就能看到自己的局限性。如果保持这种混乱和无序的状

> 我知道你一无所有。这正是我向你提出种种要求的原因，这样你就无所不有了。
>
> ——安东尼奥 · 波契亚（Antonio Porchia）

况，我们可以假装自己很聪明、很强大、目的很明确，但却永远不必去证明这一点。“哦，我原本可以更好地展现自己的辉煌成绩、创造力、才华和精力，只可惜，因为身居要职，我要承担相应的各种责任，现在也就不能加以展示了。”我们竟然可以向自己要这种花招！

我们提出的提升个人效率方法的核心原则，就是直接面对这个问题：把全部问题写出来，全面考虑一下，看看要采取什么行动，并用一种不断改善的外部系统来处理所有的选择。这种“囊括一切”的因素透露出的东西有时候可能会让人大吃一惊。

不可思议的是，对于确实冒险一试（把所有问题都写出来）的人来说，最后的体会根本没有那么恐怖。这样做可以释放潜能、缓解压力、增强自尊心，因为他们现在是从自身创造力的源泉开始工作，而不是仅仅受到创造力的影响。

在生活中，有时候我们要面对一个巨大的挑战：我们的自我价值感并不仅仅取决于已经取得的各方面成绩。如果取得的全部成绩都消失——就在此时此刻，那么我们也必须明白这一点：我们仍然具有价值，可以从头开始，再次创造我们需要或希望得到的一切。我们必须铭记：不论我们感觉前途是多么黯淡，上帝永远不会放弃我们。

顺便想想……

- 20年前的时候，你能想象到这些年来你的经历和做出的成绩吗？
- 你是否觉得即将出现的那些仍然未知的成功会为你放慢脚步？
- 你做好接受更大挑战的准备了吗？

第11章
渠深流畅

清理、精简生活与工作系统，可以提升我们处理与外部世界之间更大问题的能力，从而可以激发更多无形的力量。得到增强的能力似乎可以释放出引力能，而引力能则开始在机体和企业中逐渐渗透。它会吸引世人从富有创造力的深层次参与其中。与此相反，悬而未决的问题和脆弱的系统则会无意识地自动压制新情况，以此实现自我保护。

你确实做好接受更大挑战的准备了吗?

最近我们提高了部分服务的价格，因为我不想让公司倒闭。请让我解释一下原因。一天，我发现了一个细微的内部危机信号：每次需要我们为一位很受欢迎的客户提供更多的服务时，我的内心深处总有遇到难题的感觉。这种感觉几乎无法察

> 做好准备是成功的首要秘诀。
> ——亨利·福特

觉，但确实存在——我不想听到电话铃响。根据对这种发展态势多年观察的经验判断，如果听任这种感觉继续发展，毫无疑问电话就不会再响了，可是我们也就失去了这位客户。我的感觉就是这么敏锐，你也同样如此。

我仔细分析了一下这种感觉，最后找到了症结所在：和辛辛苦苦付出时间和精力完成的高标准优质工作相比，我们定的价格过低了。我提了这样一个问题来挑战自我："要想在听到电话铃声时感到非常兴奋，我该怎么办呢？"答案很简单：提价。这样我们就会感觉，把时间和精力投入到这位客户身上是件令人愉快的事情，而且投入的时间越多，心情越高兴。

> 家有梧桐树，引来金凤凰。
> ——中国谚语

你可能觉得这是不言而喻的，可直到问题解决之后，我才明白这一点。我们对于提供超过期望值的服务确立了高标准，而价格却一直是个敏感问题。但长远看来，为了能够始终充满激情地做出完美的工作，有时候我必须做些调整。

这里有一条基本原则在发挥作用。无论个人还是组织，我们可能都在不知不觉地阻碍自己去接受更新更好的事物，因为我们觉得自己无法成功或有效地加以应对。多数人都认为自己对很多东西有"更多的"要求，要求有更多的金钱、更多的客户、更多的职权、更多的乐趣、更多的时间等。但确实如此吗？根据我的经验判断，我真正有意识去追求的，只是引导我发挥创造力的一小部分内容。很多时候，我心目中感觉自己需要的东西却难以比得上其他力量。我曾面对过很多机遇，可以拥有更多的金钱、客户、职权、乐趣和时间，做出更多的个人成绩。但是，由于未能全力以赴去应对这些情况（或随之而来的情况），当时我并没有认识到这些机会的存在。即使确实意识到了，我也想了一些巧妙的办法把机会推到了一边。

多年前，我的一位好友曾经为几家医疗机构提供过咨询。他告诉我，诊所的管理部门每次清理索赔和案头工作并且简化工作流程后，病人的数量总会大幅度增加。他指出，只要接待人员认为新业务会带来更多压力（由于系统阻塞的原因），他们就会无意识地推掉新业务。很多组织都告诫员工，为了通过出类拔萃的服务增加竞争优势来赢得更多业务，要“顾客至上”，要付出“额外的努力”。但是，他们可能没有解决如何应对业务增加这一问题。在某个层面上，每个人都能感受到这一点。如果环境压力大到了极限（多数情况都是如此），即使在最需要的时候，“额外的努力”和“额外的微笑”都不会出现。如果一线人员感到压力不堪忍受，你要当心他们对新客户和新机遇的抵制！如果电话铃声让你感到紧张，虽然你的回应可能是“我能为您做些什么呢？”可言外之意却是——“走开！我不想理你！”那些人最终为你支付租金和薪水，你传达的信息可不能让他们产生这样的感受。

> 成千上万的人渴望永生，可是他们却不知如何打发一个下雨的星期天下午。
>
> ——苏珊·厄兹（Susan Ertz）

你能与生活和工作中的关键人物畅所欲言，提出让他们感觉更好的新主意吗？如果不能，原因何在？那会不会是因为你感觉自己做不到这一点呢？这样做好吗？

在工作和生活的各个方面，你是否已经振作精神要去扩展或收缩？无论是消极方面还是积极方面，你内心意愿的力量都是无限的——等待客户电话或敲门时，你是不是热情方面有所欠缺？更多增长、更有效的表达以及更富足的境况的机会还会以怎样的方式出现？如果希望生活中出现更多那样的“美好事物”，我建议你冒险一试。希望你尽全力让自己恢复到那种迫切期望电话铃响起的状态。

顺便想想……

- 回想一下某些新机遇出现时的情况。在此前的几个月里，你做了哪些准备工作？
- 在你的个人生活或组织生活中，哪个系统可能受到阻滞从而妨碍了新业务的开展？

第12章
担忧无益

审时度势与完善理解过程的思考虽然费时费力，但却能带来实效。没有意义的担忧——一味担心却不采取具体行动，只会浪费时间、耗费精力。

抛开思考

> 对不嫌麻烦辛勤思考的人来说，没有权宜之计。
>
> ——托马斯·爱迪生
>
> 不听到自己说什么，我怎么会知道自己思考的内容？
>
> ——E·M·福斯特（E. M. Forster）

啊，什么都不考虑的感觉多么美妙啊！运动员进入了“状态”，狂热的信徒“被圣灵充满”，电影观众和小说读者沉迷于故事之中，园丁在修剪树木，恋人们低语到深夜——想象一下没有时间、没有压力、没有思考的快乐境界。不过思考的同时，人却同样可以“在场”，比如下象棋、集思广益式讨论项目、为交易进行谈判，或者撰写一篇论文。这种忘记时间流逝的高效率状态，似乎并不是真正停止了思考。但是，怎样才能进入这种状态呢？

> 文明的演进是通过延续众多我们可以不经思考就进行的活动。思想活动正如战争中的骑兵冲击：数量受到严格限制，需要精力充沛的马匹，而且必须在关键时刻发动。
>
> ——阿尔弗雷德·诺思·怀特海（Alfred North Whitehead）
>
> 如果坐等好主意，那么只能漫长地等待。如果我有专栏文章或电视剧本即将临近交稿日期，我会坐在打字机前，下定决心想出个结果。
>
> ——安迪·鲁尼（Andy Rooney）

最有效的办法，就是在条件允许的情况下尽量少思考，在必要的时候尽量多思考。怎样才能做到不再思考今天的事情呢？每天总有几次，你可能需要反思一下自己为了实现确定的目标所采取的各种行动。通常情况下，至少每周一次，你需要全面回顾一下手头的所有项目和采取的相应行动。每隔一到两个月，可能你就需要全面回顾一下生活与工作的各种职责范围内的事情，确保项目进展妥当。每年一次，如果你能展望一下随后12~18个月的个人情况，那也不错。每隔几年，你（还有你的伙伴）可能就要重新思考一下关于生活和生活方式的一些愿景。

“宏大思考”就是弄清楚你在这个星球上的目的。如果你真的想明白了这一点，那么目标应该足够宏大，尽管你很可能需要通过定期思考来唤醒自己的记忆。

如果在所有这些层面上都能进行定期回顾，养成习惯按照适当的间隔加以反思，那么你就真正进入了高效模式。只要清楚自己一直在进行某种形式的“每周回顾”，下周你就可以不再费心去考虑所有这些事情。连续7天的时间，你就可以在富有成效的“做事”模式中傻乎乎地享清福。为什么呢？因为从目标明确、任务清楚的角度看，你已经具备了自己所需要的一切。

如果养成了每周重新安排的习惯，那么你可以相信自己将会重新思考问题，而且没有任何事情会出大的纰漏。如果不进行每周回顾，你就会始终在考虑某件事情，这种感觉会经常困扰你，耗费你的时间和精力。如果进入“状态”或达到“心静如水”的境界有困难，那你不妨扪心自问，在哪个层面上你需要集中精力去思考一下，然后将其付诸行动。做一下这个练习，然后继续即可，因为一切皆已就绪。

顺便想想……

- 什么时候你感觉自己状态最佳？你是如何做到的？
- 你知道自己的什么项目需要更多的思考吗？要实现这个目标，下一步行动是什么？

第13章
你不是你的工作

那些未能把握好以及没搞清楚，因此也就没能统一安排的事情，你如果同意去做，就会占去一部分时间和精力，让你不得休息。列举出承担的工作，能帮你有效地加以控制。要做好工作，最理想、最有效的途径就是成为工作的主人，而不是它的奴隶。

各种清单的大秘密

众所周知，我有好几张任务清单，而且上面列出了很多工作。现在该向你透露一下关于这些清单的一个大秘密了：我完成的一些最出色的项目根本就没列在清单上！

> 生活要稳定有序，这样在工作中你就能够充满动力和创造性。
>
> ——古斯塔夫·福楼拜（Gustave Flaubert）

什么?!难道清单不

是搞定工作的有效办法吗？难道我一直在骗你吗？在我的愚弄之下，你是否以为完成所有工作就这么简单，只需要把大脑中想的事情写下来加以整理，分成具体的行动和最后的结果，然后把分析的结果根据客观情况分类并定期加以回顾？

这似乎就是我一直在宣扬的内容。没错，通过这些方式，确实有不少工作得以完成，因为通过明确“当前的工作”和“已完成的工作”，以及把分析结果摆放在推动进一步行动的可靠位置，这些手段可以避免项目受到阻碍。但是，很多人并不明白这样做的真实原因。列出行动和项目清单并不只是为了完成工作，然后无所事事。处理自己关注的事情的目的，在于你可以做自己真正喜欢做的事情，集中精力和创造力全身心地投入其中。

> 控制注意力意味着控制经历，因此也就意味着控制生命的质量。
>
> ——米哈里·契克森米哈（Mihaly Csikszentmihalyi）

整个上午我都在修剪家里的那棵大松树，那种感觉很棒。我的创造力在流淌，我的审美观在发挥作用，要修剪出合适的形状，要让松树与院子的空间关系协调。不过这件事并没有出现在我的任务清单上。今天上午我做这件事似乎正合适。

如果没有目前的这些任务清单，如果过去的几天里我没有全面回顾过清单的完成情况，那么今天上午我将不可能相信自己列出

> 饥则食，疲则歇。愚人可能笑我，智者却会理解我。
>
> ——临济义玄

的那张“明确的工作”清单是完整的，而且是最新的。尽管我也可以等候，但如果没有这种有意识的自我重新谈判过程，我至少会体会到一丝淡淡的焦虑，担心随时会有应该做的事情冒出来侵扰我！对于那些看不见但却令人讨厌的应该做的事情，最好的（暂时）解脱和（错误的）自我保护方法是什么？让自己忙碌起来！

如果没有任务清单，今天上午我可能同样也会修剪松树，只不过是由于其他各种原因罢了。

顺便想想……

- 在你完成的那些最具创造力、最有趣、效率最高的事情当中，有哪些事情根本没有进行过规划或列在清单上？
- 如果能创造一种方式获得更多此类体验，会有多大的价值？

gtd

part 2

高效关注

我们自身拥有的影响世界的最强大的力量总是触手可及，那就是改变自身观察事物方式的能力。要想让工作完成得更迅速、更有效、更成功，很多时候并不需要投入更多的精力，而是需要我们改变视角。一般说来，关注焦点是赢得下一层面收益的关键。

第14章
想看得更清楚，请从更高处着眼

每当思想混乱、模棱两可或失去目标时，你必须放弃当前关注的层面，把目光投到另外的层面上。如果你行动非常匆忙但感觉情况不明朗，那就停下来审查一下自己的计划。如果你在筹划（组织）方案时感觉情况不明朗，那就找块白板或拿张白纸，把头脑中的想法都写出来，看看是哪些想法或信息有误。如果你在努力自由发挥创意或摆脱限制（头脑风暴）时感到情况不明朗，那就后退一步，重新分析一下成功将是怎样一番景象，把情况掌握得更具体。如果你的设想（愿景）过于含糊，那就回头想想你的目的，想想自己究竟为什么要做那件事情。如果某件事情本身含混不清，那么你绝对不可能搞明白。你必须放松对自己观念的束缚，释放自我，提升自己的眼界。

每天的游戏

事情变得棘手、难以处理的时候，人们很容易陷入自言自语式的恶性循环，难免会说：“噢，不要这样！情况棘手，难以处理啊！”为自己的不幸哀叹，放任失望情绪蔓延。实际上，这常常是重新评估目前的工作、深入思考、加强关注的良机。只要我们了解自己在做什么，并决定采取有效的行动，那么艰难的时刻可能会转变成为绝好的机遇。

> 人生的使命就是勇往直前。
>
> ——塞缪尔·约翰逊（Samuel Johoson）

> 对抗压力的最强大武器，就是我们把一种思想转化为另一种思想的能力。
>
> ——威廉·詹姆斯（William James）

> 我们逐渐明白健康并不是没有疾病，而是个人保持连贯性的过程（也就是说，认为生活是可以理解、可以控制而且充满意义的），是面对变化沉着应对的能力，以及个人与周围环境的关系。
>
> ——阿伦·安东诺维斯基（Aaron Antonovsky）

> 身处流水之中人可以站立不动，但在人类洪流中却难以做到如此。
>
> ——日本谚语

有些我们似乎最难控制、给我们带来痛苦的因素可能会让我们感到措手不及，例如股票熊市、别人做的那些给我们带来困难的事，以及生活中的其他“意外事件”。有没有过这样的感觉：你刚刚在球场上醒来，因为身材更魁梧、面目可憎、长相丑陋、速度更快的球员把你给撞倒了，你全然不知道自己在做什么。你发现自己精疲力竭、满身血迹和泥水，而且情况似乎会变得更糟糕！

为了控制局势，你该如何应对呢？首先，你必须明白参加的是什么游戏，明确你的目标。如果能够明确目标并决心去实现，你很快就会不再在意自己精疲力竭、满身血迹和泥水的境况。此时此刻，你已经在应对挑战。但是，即使你清楚自己的奋斗目标，你仍然会感觉力不从心，觉得受到超乎自己的力量的摆布，除非你决定了下一步如何行动。左边还是右边？传球还是跑动？在那个时候，下一步行动是最关键的。因此，为了明确当前的任务并全身心地投入其中，你必须：第一，清楚自己想要实现的目标或最后的结果；第二，做出决定并采取下一步行动，推动你朝着那个方向前进。

假设你刚刚丢了工作，你希望自己的事业如何发展？你怎样把这一切变成现实呢？假设你的健康状况刚刚出过严重的问题，你会期望当前的状况有何改观？你会采取哪些行动帮你更接近那种状态？如果周围的世界发生了变化，你对成功的新理解又是什么样子？现在又有哪些工作可以帮你向那个方向发展？人很容易掉进危险的陷阱，认为游戏不该发生变化，老的规则应该仍然有效。“我刚刚习惯过来呢，是谁又把

> 当你无所畏惧时，斗牛不算什么；当你心惊胆战时，不去斗牛也不算什么。但是，如果你心惊胆战地去斗牛，那就有问题了。
>
> ——佚名

运动场弄得一团糟？”生活中的成功或许更取决于你接受并启动新游戏的速度，而不是取决于你多么擅长旧游戏。

世事并无好坏之分。世界就是这个样子，关键在于你如何去面对它。赛车手会告诉你，依靠惯性滑行是最危险的动作。你必须始终踩着油门，全身心地投入身处其中的游戏。

顺便想想……

- 当前哪个项目需要花费一些心思去重新安排？
- 你上次休假是什么时候？是不是应该再休一次了？
- 身处何种位置、从事何种工作时，你会自然而然地从更高的视角去思考问题？
- 你感觉自己当前被什么事情缠住了？接下来还会发生什么？

第15章
只有身体力行，你才会知道如何去做

认同的形象和关注的焦点会激发你头脑里的模式–认知机制。你首先看到结果，然后会不知不觉地意识到背后的信息。不论是出手接球、创建公司，还是照顾父母，首先出现的总是想法。即使只是身边之事，如果直到看了如何做之后你才去亲力亲为，那么你永远不会明白其中的方法。请留意你留意到的东西以及你是如何做到这些的。

重新觉醒，再次构想

> 心理有何种倾向，人就有何种发展。
>
> ——《奥义书》
>
> 万事皆源自最初的梦想。
>
> ——卡尔·桑伯格（Carl Sandburg）

一直让我感到惊讶的是，我经常忘记我们具有的通过想象创造自身期望事物的惊人能力。设想即将取得的成果和假想某事已经成为现实，这是一种高级技能，我们或许都能将这种技能提升到更高的水准。

我刚刚察看了一下自己10年前画的一幅未来构想图，它勾勒出了当时我心目中的未来生活——如果能得偿心愿的话。在公寓里，借助一套彩笔的帮助，用了两个小时的时间我才填满整张纸，在上面画了一幅幅小图，写下了承载愿望的语句。当时的构想很宏大，包括期望的工作方式、渴望拥有的自由和具备的条件、期望取得的成功，以及理想生活方式的其他方方面面，甚至还构想了我的精神生活。

如今我不敢说这一切都已变为现实，但在对照这幅图片分析了我现在的生活之后，我发现，多年来这些图画一直在鼓舞着我，支持我做出了许多重要选择。就目前取得的成绩而言，有几幅图描绘得并不准确。我始终没有像图中描绘的那样，在爵士长笛的演奏方面达到很高的水准（尽管我比较擅长演奏某些古典曲目）。毫无疑问，图片中描绘的全人类满怀真诚，以及小镇和社区把世界联系在一起的设想也没有实现。然而，我现在就住在这样的一个小镇上，而且为许多人和组织做出了奉献，大家也都在努力让世界变得更美好。依现实情况来看，图中的很多描述还是非常准确的。例如，借助高科技手段，现在我们可以随时随地在全球传播具有潜在价值的信息。而在当时，我根本不知道什么是电子新闻，也根本没料到会使用电子新闻来分享思想。

对我来说，很有意思的是构想图上没有出现的一项内容——可爱的妻子凯瑟琳以及我们位于奥海镇的漂亮家园。说实在话，当时我并没有刻意期望婚姻和乡村家园。但事实上，这是我20来岁就怀有的夙愿。（我发现，有些想法确实需要经历一段时间才能实现！）

你的自动创新机制受目标驱动。也就是说，它的运作要考虑目标和终极结果。只要你给它一个明确的目标去实现，你就可以依靠它的自动引导系统帮助你实现目标，而且比依靠有意识的思维效果更好。你通过考虑终极结果提出目标，自动机制则会提供实现目标需要的途径。

——马克斯韦尔·马尔茨（Maxwell Maltz）

如果你把自己局限于那些似乎可能或合理的选择，那么你就放弃了真正渴望做出的选择，而最终结果就是妥协。

——罗伯特·弗里茨（Robert Fritz）

构想的时候，我的各种愿望纯属空想。但我还是为自己绘就了蓝图，而图中的那些空白之处也非常神奇地得到了填补。这并不是说我没有遇到过烦心事（不管怎样，我们都要经受苦难），但是，为自己创造更多心灵的归属毕竟是件好事。

想到自己总能得偿所愿，我的心中就充满感激。

顺便想想……

- 近来你非常关注什么？要想获取这些资料，你内心深处或许应该关注什么？
- 在别人提醒你之前，你不愿意自己拥有什么、做什么或发展成什么样？现在你怎样做才能获得理想的效果？

第16章 工作足够努力是不可能的

对于那些你并不真正需要的东西，你永远也不会满足。虽然这句深刻的个人成长格言通常是指“别人的认可”之类的东西（你真正需要的是自己的认可），但它同样也适用于效率问题。很多人都在刻苦努力，但努力程度却总是不够，因为努力工作并非他们真正需要的东西。他们需要的，只是去工作，非常认真、非常投入地工作，无须牵挂其他。努力去做恰当的事情其实并不辛苦，你注意到了吗？

你一直在加班加点吗？

> 凡动弹者，致以敬礼；不动者，捡起来；捡不起来者，画下来。
>
> ——美军习语

最近，在培训一位成功的经理人时，我发现了“繁忙陷阱”微妙但很现实的另一个层面。你肯定知道那种综合征:“如果我在做事，而且感觉自己是在集中精力做事，那么我就不用担心应该做的其他各种事情。”

前一天晚上处理过数百封邮件之后，他的收件箱里还有十几封电子邮件。不过他已经在另一个地方分类建立了一个待处理电子邮件文档（回复需要的时间超过2分钟）。我希望他停止这样做，去体会一下彻底清空邮箱的感觉。于是我催促他把最后那批邮件移出了收件箱，放到存放其他邮件的地方。

> 单纯忙还不够……问题在于，我们在忙些什么?
>
> ——亨利·大卫·梭罗
>
> 如果你不知道自己在做什么，那么你也不会知道何时停止。
>
> ——佚名
>
> 如果你发现自己在坑里面，那首先要做的事就是停止挖掘。
>
> ——威尔·罗杰斯（Will Rogers）

在这个过程中，你会发现他的顿悟：“哇！现在我的全部工作清单都集中到了一个地方！我明白了，我原本要首先处理那些电子邮件，因为这是最轻松的选择。现在我可以把全部要做的事情放在一起权衡。我并没有遗漏任何工作，而且它们处于合适的视野之内。我一直在浑浑噩噩地忙碌，却没有为做出更好的选择而感到愉快。”

回忆存储在头脑中的事项时，我们喜欢以时间的先后顺序和个人感受为标准，而这并非最有效的检索方式。同样，如果你的行动提示系统非常杂乱（电脑屏幕上贴着即时贴，桌子上摆着写有电话号码的纸条，椅子上放着便笺），那么你的精力就会被身边最简单的事情占用。然而，近在眼前并非选择当前做什么的最佳标准。

清理心理内存、汇集工作清单、对下一步行动做出更好的选择还有一个额外的好处：如果你真正可以选择需要去做的工作，那么选择根本不去工作也就简单得多！

顺便想想……

- 目前所做的工作中，你感觉哪些工作是“辛苦的工作”？你是在做还是不做这些工作时感觉辛苦？
- 你努力工作但并不在意是在什么时候？对于如何在希望的时候获得这种体验，你从自己身上能学到什么？

第17章
精力随心思而动

把心思投入某件事情上会激活你的思维主体和客体。身体的神经也开始做出反应，仿佛你的想法已经得到了实现，而各种主意也开始萌发。想法第二次出现时要比第一次容易得多。单纯有想法是一回事，有意识地加以鼓励则是另一回事。通过关注和主观努力，你一直很有力量。问题在于，你要把这种力量用到什么地方去？

你会把什么东西放在门前?

就集中精力来说，我需要尽可能多的帮助。我希望提升自我并做出成绩，却缺乏瑜伽信徒的心智训练，也没有学者那种出色的专注。我承认，我做事拖拖拉拉，头脑中一闪而过的任何念头都会让我分心。

我很清楚，要想达到自己真正期盼的目标，就需要专心致志。目标没能实现的唯一原因，就在于我关注了其他事情，而不是集中精力实现自己的目标。但是，把关注的焦点切换到新的目标并坚持不懈却非易事。从某种程度上讲，当我想要提升自我、改变某件事情或促使某件事情得以发生时，我常常感觉自己好像要踏入一个凝重呆滞的世界，就像是在荆棘灌木丛生的地方开辟新路一样。跟始终如一地关注新的路线相比，单纯像我那样去思考要容易得多，甚至在我心知肚明时也是如此。

因此我有一些诀窍。它们都基于一种基本的效率原则：把东西摆在门前。知道自己第二天早晨一定要带着什么东西去上班吗？（如果忘记，你的工作就危险了。）前一天晚上你会把它们放在什么地方？就放在门前。（靠这个办法你拿到了大学的学位？）这确实是个非常绝妙的策略。那天晚上你头脑非常清醒，

> 首先寻找头脑中好的事物，其他的会得到弥补，即便丢失你也不会感到失落。
>
> ——弗朗西斯·培根
>
> 控制你的头脑，否则它会控制你。
>
> ——贺拉斯（Horace）

> 我们为小事如此激烈地争斗，连我们自己都变得渺小了。
>
> ——尤金·奥尼尔（Eugene O'Neill）
>
> 关注一下内心主观方面的那些无法言表的感受，那些感受可以带到抽象世界、交流世界以及命名世界等，这样一来，对这些迄今为止下意识的、不可控制的过程就可以立刻施加一定的控制。
>
> ——亚伯拉罕·马斯洛（Abraham Maslow）

很清楚到第二天早晨可能不会明白："这是什么？哦，对了，我必须带着这些东西去上班！"

我的诀窍可谓异曲同工。我需要使用的只是自己的思想之门，而不是住宅的大门，不过道理是一样的。如果我能把某件事情（我知道认真思考、集中精力关注此事会有益处）放在自己意识的门前，那么很可能就会有建设性的思考结果出现。我的全部项目、我得到的几十种对我的肯定、我的长远目标，以及我在一处灵性静修所捕捉到并写在一张卡片上的关键思想——所有这些都记了下来，因为没有哪一项得到了稳定控制，能够自然到位，可是每一项都会出现在我的生活中。我明白，这些事情将来可能就会出现，因为我知道关注的重心和愿景会无意识地诱发新感觉和行动。我只需要让它们比较频繁地出现在自己面前。因为这个原因，我费尽心思，努力去考虑如何让这类事情自然而然地发生。

这是因为我做事拖拉，也不怎么聪明，但却希望做到最好。

顺便想想……

- 你有什么提升个人效率的诀窍？
- 你把哪些事情放在头脑中优先考虑？你把它们放在什么位置？
- 想象一下今天有什么东西你一直想得到，在随后的一个小时里尽可能多地想到它。

第18章
目标越明确，实现目标的途径越多

我们生活的物质世界有种有趣的悖论：愿景或目标越具体，你释放出的创造力就越大。越是清楚自己做某件事的原因，你探索做好这件事途径的自由度也就越大。你越是明确举办员工聚会的原因、有自己书房的原因、聘用助手的原因、设计的软件受欢迎的原因，以及兼并另一家公司的原因，你就越能想出创造性的独特构思，从而取得成功。

你是住在起居室里吗?

几十年来，目标焦点价值观一直是我学习、教育、培训和管理咨询活动的核心要素。如果不清楚做某件事情的原因，我们做的工作就没有意义、步骤混乱、缺少目标。如果我们确实很清楚行动的目的，例如召开会议、编印手册、创办公司等，那么努力的过程中决策和成功方面就有了标准，也有了创造性地跨越障碍、实现目标的动力。

> 在我看来，手段完美、目标混乱似乎就是当前时代的特点。
> ——阿尔伯特·爱因斯坦

最近我很受触动，因为我感觉人们在生活和工作中遵循的许多程序需要反思。这些程序是在过去的某个时间创立的，当时的理由或许很充分，但现在却不怎么相干了。之所以有这种感受，是因为我发现很多行政办公室在提升个人效率方面存在障碍：缺少个人交流的空间，没有工作篮和发文篮，手头没有打印机，没有空间摆放有用的参考书和手册。办公桌虽然庞大气派，但却没人使用，因为担心留下划痕。

从历史的角度看，很多办公室的目的很可能就是想给人们留下深刻印象，让人感觉行政人员买得起如此漂亮的办公设备、他要做的工作如此轻松。哇，看，君王的宝座！瞧，君王！可是，坐在那些办公室里的人现在有截然不同的任务和需要：他们在里面敦促工作进展，掌控大量的工作任务，迅速地交流和沟通，有效地追踪各项工作的进度。他们的办公室有如恐龙般庞大，但却没能满足新的目的，应该重新加以设计。

与客户公司打交道的这些年间，我也注意到了每周一次的众多员工会议。有时候只有部分员工参加这样的会议，而且几乎没有或只有很少的生机。新团队和部门经常召开每周例会，因为环境和情况的变化要求他们定期开会，这样才能让大家步调一致。但是一切步入正轨并能得到控制之后，每周召开会议的必要性就慢慢地降低了。可是他们还是继续召开会议，尽管这并不能有效地利用时间。我认为，每个组织的每次会议都应该取消，只有那些目标明确的会议应该重新安排时间，而定期会议的间隔也应该根据现实情况决定，而不是取决于习惯。

> 普通人根本不知道如何让自己的生命创造价值，可他们却希望拥有另一个永恒的生命。
>
> ——阿纳托尔·法朗士（Anatole France）

古老的大型帆船都有个问题：厨房总是与人群聚集的地方分隔开来，这种布局把两处空间都弄得很狭窄。过去几十年里，大部分拥有船只的人都有钱雇用专职船员和厨房员工。但是，为了迎合当前时代人手短缺的现状，新的设计把厨房和生活区合二为一，结果同样的空间变得更舒服、更实用。

多数人在住房的什么地方开展社交活动呢？厨房。不再有女佣，也不再有仆人。如今我们大都有着截然不同的生活方式，人人都尽情享受生活的乐趣。你不妨留意一下，看看究竟有多少大型新餐厅带有烹饪中心台！我认识一些真正前卫的专业人士，他们把客厅改造成了家庭办公室。他们事实上生活在厨房或书房区。除了灯光明亮、空间宽敞足以摆放设备和图书的书房，还有什么更好的地方可以在里面工作呢？

请列出你的主要资产和常规工作——你的空间、你的保险单、你的会议、你的员工、你的大型玩具、你的旧衣服，以及你的珠宝。写下每个项目的具体目的。我敢打赌，你肯定希望做出很多改变，而且你也会喜欢这样做。

顺便想想……

- 你感觉生活中有哪些做事程序有些过时？要是废止这些程序，会出现什么情况？
- 对于生活中没有利用的空间，你会如何创造性地加以使用？
- 如果为自己新建一间办公室，你想保留现在办公室的哪些东西？扔掉哪些东西？添加什么东西？

第19章
精益求精

无论做任何事情，精益求精都可以帮我们发挥独特的创造力和智慧。最不起眼的工作也罢，最崇高的目标也好，只要我们有意识地关注自身目标最大程度的实现，就可以获得从其他视角无法获得的信息和灵感。

怎样才能战无不胜

要想变得不可战胜，有一种简单易行的办法：不管做什么事情，从现在开始就竭尽全力去做。要想达到我所说的这种无懈可击的程度，你必须跨越极其脆弱的那个阶段，因为这是达到这个程度所必需的。不要仅仅是最好，你要尽自己的最大努力。要努力成为最好的，就难免会背上艰苦奋斗、自我主义和自责这样的包袱，并以成败为模式。但是，竭尽全力是一个不断变化的动态过程，任何人在任何时间都能做到。它要求你全身心地投入到当前的生活和工作中，而且态度和高度都在不断提升。你在任何时候都能赢得胜利。

然而，伴随这种体验而来的巨大自由并不是免费的。你肯定会到达某个危险的边缘。你必须向自己提出“何谓最好？”这个问题，倾听内心的声音，并激发自己的热情去应对得到的答案。这可能意味着你要牺牲暂时的快乐、习惯、冷漠以及自我怀疑。

> 尽力而为的时候，我们并不知道会给自己或别人的人生带来什么样的奇迹。
>
> ——海伦·凯勒
>
> 精通生活艺术的人几乎不会把工作与游戏、劳动与闲暇、思想与身体、学习与娱乐、爱与宗教区别对待。他基本都是一视同仁。无论做什么，他只是努力实现做到完美的目标，让别人来评判他是在工作还是在游戏。对他来说，他一直都是兼而为之。
>
> ——詹姆斯·米契纳（James Michener）

我发现有一点既令人惊奇，又有些讽刺意义：如果我愿意放弃自己对舒适生活的追求、先前的独立性，以及借助直觉指引方向带来的控制感，我就能得到更深层次的满足、真正的自由和真正的自我权利。诚恳地自问“当前我要做的绝对最好的事情是什么”，并愿意根据这个问题的答案采取行动的时候，自己的怀疑、犹豫和自我评判将不再对我有任何影响。其他任何人都不知道如何利用自身的负面自我报复行为来影响我。如果我真正集中精力去做到最好，我就（至少暂时性地）忘记和原谅了过去，也抛开了对未来的恐惧。这本身无疑就是一种有益身心健康的经历。

如果你现在要去做什么事情，最佳选择是什么？无论身处何种层面，你都可以根据对这个问题的回答采取行动。最好并不等于完美，它只是代表最好而已，代表你当前可以达到的最高程度，不管你的认识水平如何、可以利用什么样的资源。在现有条件之下，制作出最好的意大利面酱。在当前条件之下，把这次员工会议开成最好的员工会议。跟朋友、配偶、母亲或儿子交谈时，努力让谈话时心情最为舒畅，多想想那些最佳方案、与家人一起最愉快的驾车经历、最准确的业绩评价、最惬意的小睡，等等。

有趣的是，思想活跃、可以这样安排自己的生活时，我得到的答案和实际所做的事情并没有太大差异，但思维的转变总会带给我一些提升效率的主意和想法，无论是公司业务量的增加，还是日常生活的更多乐趣。

顺便想想……

- 如果你问自己，当下你能够做得最好的事情是什么，你会如何回答？（如果答案不是阅读本书……那么我们是不是该说再见?!）
- 哪些因素或许会阻碍你提出并回答上面的问题呢？

第20章
关注重心的变化等于结果的变化

如果希望得到不同的结果，那么你就要调整关注的重心。调整了关注的目标，那么自然会出现不同的情况。关注红色，红色就会出现。交谈时关注不同的结果，你就会有不同的想法。关注某种特定的新车型，你就会发现好像有艘船刚刚在高速公路上卸下了一大批这种汽车。大脑有一种内在机制，专门查找你按照自己的关注目标预定好的模式。创意、革新和成功并非源自过人的智商或惊人的创造力，而是源自我们凭借这些能力注意到的事物。

你为“准备好”准备好了吗?

有一种微妙的生活技巧应该成为所有专业人士（甚至所有人）能力体系的组成部分：你恢复到“准备好”状态的速度有

> 平静的心态不会感觉烦扰或恐惧，无论幸运与否，都会按照自己的节奏继续前进，就像雷雨中的时钟一样。
>
> ——罗伯特·路易斯·史蒂文森

多快？必要时轻松迅速地放松自我并调整重心，你能做到吗？要为在自己的世界中出现的新情况或新任务建立一种专注、平衡、敏感、开放的心态，你能做到多么完美？如果某件事情引起你的注意，让你烦恼、不安、着迷或兴奋，你需要多长时间才能摆脱这些感觉，在内心做好准备，同时从全新的视角稳妥地投入必须面对的新工作？

你怎样才能建立起一种个人系统，并由此培养不断地轻松返回“准备好”状态的生活与工作方式呢？办公桌上、办公室里以及脑海中堆积的那些悬而未决而又杂乱无章的任务会占用你的精力，导致你心理上出现停滞不前的状态，削弱你轻松进入“准备好”状态的能力。这就像在调查沼泽时却落入了流沙的陷阱一样。

> 单纯提出问题比解决问题更必要，因为解决问题或许只是一个数学或实验技巧问题。提出新问题、发现新的可能性、从新的视角看待旧问题需要具备创造性的想象力，也标志着科学上的真正进展。
>
> ——阿尔伯特·爱因斯坦
>
> 虔诚并不是经常到墓园扫墓，不是敬拜圣坛，不是在神庙中匍匐在地，也不是在祭坛上撒上祭物的血……而是能够用平和的心态来看待这一切。
>
> ——卢克莱修（Lucretius）

打网球等待发球的时候，最好的心境、情感状态和姿势是什么？练习空手道的时候，如果3个人从不同方向靠近，准备攻击你，何种姿势最有效？有关并购的最终谈判进展过程中，对方律师提出了一个出人意料、可能导致谈判破裂的要求，你内心深处有多少资源可以用来迅速做出直觉式决策呢？你能抛开制约自己推测或预测的各种因素，采取新视角带来的新行动吗？为了迅速提升到更高的层面，你能放弃自己对某个层面的控制吗？

下次招聘员工、评估业绩和技能水平时，评估一下他迅速做好准备的能力。他什么时候真正感到吃惊过（正面的或负面的）？他要花多长时间才能平静下来并做出积极的反应？你的组织应该重视并鼓励这种行为。下次评估自己的优缺点时，也注意一下同样的问题。你为“准备好”做了多充分的准备？从现在算起，20年后，你一定会为自己今天所做的准备感到高兴。

目前我正在尝试自我发展过程中的一种重要的自我肯定方式——“放松，调整目标”。你不妨一试。

顺便想想……

- 你目前面临的最大问题是什么？你是怎样集中精力加以解决的？你对此问题有何看法？
- 你能放弃当前的所有想法，而去关注期待已久的成功吗？
- 如果再次出现喜出望外的情况，你会有怎样的感受和反应？

第21章
视角是地球上最贵重的商品

这是“关注重心的变化等于结果的变化”原则的推论。如果考虑一下18个月之后工作的变化，你当前的工作重心（以及关注的行动）都可能发生变化。把事情置于不同的情境中可能会带来新的想法和解决途径，视角变化可以把最为变幻无常的环境转变成最有利的积极条件。世上有许多事情你视而不见，只是因为你的态度和高度所限。

自力更生，改善自我

> 生命就是一系列充满灵感的愚蠢之举，难处在于如何找到它们。绝不要丧失机会，机会不是每天都有的。
>
> ——萧伯纳（George Bernard Shaw）

我这个人，有时聪明，有时糊涂。大部分情况下，我并不像自己期望的那样充满灵感。

因此，如果我确实想改进工作、改善生活、提升自我——如果我确实像我说的那么懒散的话，那么最明智的办法，就是捕捉自己状态更佳时的想法与体会。然后就可以在感官不那么敏锐时利用这些收获来提示、引导自己。

> 决定环境对我们影响的，正是环境与我们的关系。把一艘船送进港口的同一阵风，可能把另一艘船吹离海岸。
>
> ——克里斯琴 · 博韦（Christian Bovée）
>
> 我可以通过改变态度改变我的生活。不愿接触荆棘的人，绝对不要尝试去采摘花朵。
>
> ——亨利 · 大卫 · 梭罗（Henry David Thoreau）

这意味着如果想到或许有用的主意就应该记录下来，因为它或许不会再次出现。如果我在沙滩上思考如何在研讨会上强调某一点，那么只要有纸和笔，我就应该尽快记下来。如果开车时想到可以为某人做一件很有创意、很愉快的事情，我也会立刻把它写在便笺本上。如果处于比以往任何时候都要清醒的意识状态，我也会记下自己当时富有灵感的创意。

但问题在于，有那些想法时，我常常觉得没必要采取行动，也不必利用它们。有那些想法时，总是有点“理所当然”的感觉，觉得不会忘记，需要时就会记起来。可两分钟过后，当我思考另一件积极而有用的事情时（我确信自己也不会忘记），却已经忘记了第一件事！心态积极的时候，总感觉世界好像总会这样，也就没有必要为其他情况做准备。但是，虽然我们有时候考虑周到、头脑聪明、灵感不断，这种情况却不是一成不变的。

如果你和我有相似之处，那么你就要好好培养并利用自己的自立精神。干杂事或浏览网页的时候，提醒一下自己，如果处于考虑周到的状态我会给别人准备些什么，这样做很有益处。在研讨会上阐述某个观点的时候，想想自己在海滩漫步时想出的某个创意，这样做也很有益处。情绪低落的时候，不妨拿出自己收集的别人对自己的肯定看法通读一遍，这样可以增强自己的自信心、振作精神，很有益处。

因此，如果获得灵感，你要把它发挥到极致。注意，快乐随时会出现在你身边。要养成这种习惯，找到捕获这些灵感所需要的工具。等可以充分利用的时候，你就可以把以前记录的结果放在自己面前。

顺便想想……

- 你会如何最有效地利用目前最具挑战性的处境?
- 最近你写过或阅读过的最有创意的文章是什么？怎样才能从中得到更大的收获?
- 在过去的几天里，你遇到的最开心的事情是什么？怎样做才能让这样的事情再次发生?

第22章
多加思考

无论什么因素，只要以不合常规的方式进入了我们的内心世界或外部环境，就需要采取措施加以处理。单纯因为有电子邮件、书信、想法或情况，我们必须做的事情未必就会一目了然。我们必须进行思考。虽然未必要考虑得太多，但一定要足以决定完成任务需要的下一步行动。这种思考我们经常不会去做，结果压力越来越大，直到最后必须加以解决。关于工作，最低程度的必要思考并不需要多少时间（通常大约15秒）和精力，但确实需要花些时间和精力。

效率不会自动提升

要想明确自己的工作并做到效率最高，我们必须做好3件事。这3件事并不会自动完成，我们必须训练自己去做。而在一个小时高效、精确、认真、严格、综合的思考可能比得上一个月的艰苦工作。思考是工作和生活的实质，也是最难做到的事。帝国建造者花费大量的时间用心思考……其他人却在花天酒地。如果不有意识地去努力进行自我引导的综合思考，如果你不冲破感情的制约行事，而是选择阻力最小的道路，那么你就会受到懒散的制约，不再能够控制自己的生活。

——戴维·凯克奇（David Kekich）

每种行动都源自一个想法。

——拉尔夫·沃尔多·爱默生（Ralph Waldo Emerson）

我们把这3件事锻炼成自然而然的习惯行为之前，我们必须约束自己去做好这些事。

我们必须：

首先，决定如何处理自己的事务和随后需要采取的行动。只有确定了最终目标和随后要采取的步骤，我们才能着手开展工作。清单上列举的工作和电子邮件通常会让我们反感，不会吸引我们去完成，直到我们目标非常明确，确定下一步任务究竟是打电话、起草回信、购买钉子，还是与某某交流……

其次，即使所思之事并不马上付诸行动，也要写下所有目标与具体任务。即使做出某种决定并将其存入心理内存，我们也冒着巨大的风险，可能会忽视其他选择机会，带来短期失败和不必要的压力。我们身上认为应该无所不为的那种心理就会立刻出现。

最后，看一下那些行动提示（如果我们能有效地利用它们的话）。即使决定下一步要发送一封邮件，但如果上网后不注意看一下行动提示，你也可能错失推动某件事情发展的机会。身处某种特定的环境时，要想实现效率最高，你需要分析一下在这种环境下所有能做的事情。

这三种行为结合起来就是知识型工作的主要技巧。事实上，我在职业生涯中认识的每个人，似乎都能大幅度地提高这三种关键效率活动的能力。

> 像实干家那样思考，像思想家那样行动。
>
> ——亨利·柏格森（Henri Bergson）

成长的过程中，没有人给我们讲过这些技巧。父辈的工作领域并不需要他们掌握知识型工作的这些关键行为方式。他们只要到达工作场所，完成那些显而易见的工作即可，工作都是一目了然的。现在很少有人在那样的世界工作了。在当今时代，如果有谁希望单纯上班，然后完成面前显而易见的工作，那么他就像穿越回到了不存在的昔日世界。这样的人可能会感觉压力越来越大，而且情况越来越糟糕。我们必须训练自己利用精神力量去真正了解自己的工作，准确地说，也就是搞清楚目前面临的任务以及如何去完成。

顺便想想……

- 什么事情正占据着你的头脑？下一步如何行动？在哪里采取行动？你应该把行动提示摆放在什么地方？（这个过程要用多少时间？）
- 在你身边的环境中，有哪些东西是不会永久存在的？要想知道如何处理这个问题，需要什么样的思维方式？

第23章
思考有度

这是前面一项原则的推论。虽然需要思考一下自己的工作，明确如何处理，但这事也没有你想象的那么复杂。略加思考（“我的目的是什么？下一步行动是什么？”），就能轻松做到关注和控制。尽管如此，大部分人根本不去思考很多问题。为什么呢？因为他们思维敏捷、经验丰富，略加观察，就会因为必须考虑一些复杂细节而焦躁不安。因此问题会对他们的心理产生一定的影响。确定了最终结果和行动步骤，把行动提示放在你认为在适当的时机能看到的地方，然后倾听头脑的轻松呼吸：“噢，现在搞定了。”

完成未竟工作

在研讨会上，我经常在屏幕上给学员展示我的各种项目

> 是否曾经停下来思考，却忘了重新开始？
>
> ——佚名

（写作本书的时候手头大约有60个项目）和要为这些项目采取的行动（大约150项）。经常有人会问："一次次地看那些需要完成的任务，你怎样能够做到不被完全吓倒而失去信心呢？"实际上，他们是在说："我不想做那些事！"

这可能是源自他们与生俱来的那种愿望，总想做到内心平静、内外和谐、世界与自我融为一体。对多数人来说，想到生活中的种种未竟之事（他们的全部"工作"），似乎会干扰平静的生存状态，但真实情况并非如此。实际上，这样做更有利于充分表现那种和谐。你只是需要完成自己的未竟之事而已。

> 想法如果能激励行动，那么它就是有用的；想法如果取代了行动，那么它就成了障碍。
>
> ——比尔·里德（Bill Reader）

> 这些年来，我的一个重要体会就是重视工作和重视自我是有区别的。重视工作是必要的，而重视自我则是灾难性的。
>
> ——玛戈特·芳婷（Margot Fonteyn）

> 把简单变为复杂没有什么了不起；把复杂变为简单、惊人的简单，这就是创造力。
>
> ——查尔斯·明格斯（Charles Mingus）

毫无疑问，这里存在一个悖论。如果你有意识地捕捉、把握、评判和重新协商向自己和别人承诺的事情，那么从某种意义上说，这些事情就算完成了。把精力投入那些看不见、记不清的约定之上并不会出现遗留问题，不会让你分心，也不会让你无时无刻地感到焦虑。你明白无误地看到所有事情（也意识到它们的客观存在），然后说：“噢，我以前说过要做这件事，只要可能，我还是想做，不过不是现在。”

有些人觉得我的各种任务清单实属累赘，这样的人一般都有许多连看都不愿看的工作。结果他们越是抗拒，越摆脱不了那些事。我总是反复提醒自己，我和我的工作是两码事，因为我能客观对待它并经常回顾。在我看来，很多人仍然很难把自己与工作区分开来。

说句实在话，真正的“天人合一”跟是否列出清单、是否有效率、头脑是否清醒、情感是否健康、身体是否充满活力没有多大关系。如果能做到这一点，你也能坦然应对混乱局面、紧张情绪、流感，甚至负现金流。你随时可以把生活中的压力和情感包袱抛给自己认同的更强大的力量，从而得到解脱。但是，如果回避或无法有效处理自己的未竟之事，那么你可能就必须面对更多意料之外的消极情况。

我不会教大家如何做到“凝神静气”。我教大家去做的，是如何明确和把握重心，从而最有效地让自己的精力发挥作用。

顺便想想……

- 在假期开始的前一周，你对自己的工作有何看法？
- 有没有什么事情因为感觉似乎过于复杂、难以处理，你就拖延不做？如果想从头脑中彻底抛开这件事，你会采取哪种具体行动？

第24章
效率是改善工作的唯一机会

明确目标或标准之后，你的最佳选择就是尽量轻松地去实现它。付出的精力不会浪费，你的各种资源会得到最大程度的释放，从而可以更多地用于你想得到的东西和想做的事情。

超越压力

> 只有两种生活方式：一种认为世上根本没有奇迹，另一种认为凡事皆是奇迹。
>
> ——阿尔伯特·爱因斯坦

我提倡的许多概念和行为模式能缓解生活中效率低下带来的压力，这些不必要的压力是盘踞在大脑中的各种任务造成的，而压力又会对我们的精力和工作重心安排提出不恰当的要求。我提倡的这些方法本身也有效果——不过是在一定程度上。长远看来，它们是否真正奏效，最终还是取决于我们做那些事情的原因。我为什么要清理自己心灵中的瓦砾呢？

如果我处理未竟之事的真实原因只是想从生活中解脱出来，那么压力永远不会离去。不错，我可以得到一定程度的解脱，而且有时候解脱的程度还很高。抛开头脑中的一切、清空收件箱、更新项目和行动清单，这些无疑都是好事。但做完这一切之后，我内心深处仍然会想要去再次核实、离开、漠视，或者以某种方式清除仍然存在的那些困扰。我竭力去避免的，并不是非常复杂、非常痛苦或是明显具有消极意味的事。如果真是这样的情况，那么识别起来恐怕要容易得多。让一切事物变得索然无味的，似乎是一种连续不断的低层次杂音。因此我会感觉自己碰到的事情都是烦恼，而不是机遇。我迫不及待到想要“结束”——以便去做其他事情来摆脱这个过程！但采用这种方法之后，失败主义情绪不可避免地会涌上心头：既然没完成任何事，那为什么还要开始呢？唉，如果我头脑中存在消极的自我实现循环的话，这就是一种。

> 只有到了我们认为生命一无是处的时候，生命才开始具有意义。
>
> ——P·D·邬斯宾斯基（P. D. Ouspensky）
>
> 懒惰者探索更加轻松的做事方式，进步由此而来。
>
> ——罗伯特·海因莱因（Robert Heinlein）
>
> 接受手术前请安排好你的俗事，因为你可能活下来。
>
> ——安布罗斯·比尔斯（Ambrose Bierce）

然而，如果我能把内在意识转移到一个跟精神联系更密切的地方，让意识更多地发自内心而不是大脑，那就是截然不同的另一回事了。任务还是同样的任务，但却披上了优雅从容的外衣。我会主动接受面前的工作，而且很好奇会出现何种进展。我会满怀兴趣地使用我们的工作流程来处理自己的各种事务，因为值得这样去做、心中产生成就感、内心深处感到满意的时候，感觉就不是在处理各种事务，而是一个做事情的过程——而且是个非常有意识的过程。现在在做什么，始终关注自己当下的状态，这不就是做事的最佳方式吗？

这里有个奇妙的悖论：越关注外部的客观世界（以及其中的万物），我就越发感觉自己在努力逃避这个物质世界的折磨。精神方面越集中精力，我对物质世界的依赖越小，在物质世界的工作效率似乎就越高。我更加清楚在宏观世界中哪些东西适合自己，而且对各种事情和事务的细节充满责任心。

确实如此，这不过是一条简单真理的另一个版本：要想评估人生经历和出现的各种可能性，目标明确是非常必要的。不过最近我开始在一个全新的层面上认识到了这一点。在我看来，差别在于真正按照目标行事，而不是仅仅拥有目标。

很容易吗？一旦进入这种状态，我就似乎无须再付出任何努力了。它不会受到时间的

> 要揭开人为的谜团，我们面临无尽的困难；只有开始探索上帝的奥秘，困难才会消失。
>
> ——马克·吐温
> （Mark Twain）

影响，而且用不着任何“努力”。怎样才能进入那种状态？需要多少时间才能进入那种状态？我只知道，在我希望达到那种状态时，它就能为我所用。

顺便想想……

- 你何时提高过自己做某件事情的效率？感觉怎样？你为什么要那样做？
- 有没有感觉自己一直在拖延的某件事情需要更好地加以安排？如果解决了这个问题，你能够做什么，或者做得更好？

第25章
关注一件事才能“全神贯注”

如果神志清醒，你就不可能头脑空空，因为你的头脑一定会有所关注。但如果你只关注一件事情，没有其他事情让你分心，也没有任何内心冲突，那么你就能做到“全神贯注”。这样，从某种意义上讲，你做的任何事情都不会比其他事情更重要或更不重要，因为所有事情都同等重要。工作与娱乐没有区别，紧张与放松也没有区别，都是一样的。简而言之，你始终都处于这种状态：“现在做什么？然后做什么？”

哪件事情不是最重要之事?

无论何时，专心致志地处理手头的事情都是高效的标志。如果投入全部精力去处理确定无疑最关键的事情，那么你很容易就能做到专心致志。无论是出于主动还是被动的原因，你都可能做到这个程度。如果你对自己确定的目标非常执着，那么没有任何事情能够把你的注意力从最重要的事情转移开来——除非你面临明显的危机，需要投入全部精力应对。

如果身处上述两种情况的任何一种，人们都不大可能去关注生活和工作中的其他未竟之事。他们往往会把全部精力投入到此时此地发生的事情上。这里的关键就是始终专注于同一件事：从最合适的角度、在最佳时间段内、把适当的注意力用于最合适的事情，不多也不少。然后按照同样的方式，以百分之百的积极性和创造力去关注下一个问题。

这是一种类似禅宗的效率状态，你对当前的事务既能超脱其外，又能全力投身其中。这是最高超的执行风格：现身，整合各种要素，思考，决策，处理，而且因为结果、愿景和标准都已经内化，决策和执行过程都很睿智。事前事后你都无须担心。干净利落，准确麻利，没有任何后遗症。水面不会留下任何涟漪。“那个蒙面人究竟是谁？”

> 人生的事务包括众多不同方面。如果有谁只考虑一个方面，而不综合其他方面，那他就是个梦想者，难以掌控世间种种事务。
>
> ——詹姆斯·菲尼莫尔·库珀（James Fenimore Cooper）
>
> 有一件事我们可以做，最幸福的就是那些竭尽全力去做的人。我们可以全身心地投入，我们可以专心致志，我们可以……把全部注意力投入到眼前的机会上。
>
> ——马克·范·多伦（Mark Van Doren）

但是怎样才能达到这种境界呢？并且，一旦达到，如何保持始终处于这种境界呢？这在很大程度上取决于你是否相信自己能够完成规模更大的游戏，取决于你参与其中的能力，以及你能否真正完全履行与自己达成的协议，因为这种协议会出现在你生活的各个层面上，而且极其微妙。

如果确实有未竟之事需要进一步努力，你还能真正做到重点明确吗？要体验生活的丰富多彩，牺牲那些并非最重要的细节是否就是最后的手段？或者这仅仅是权宜之计，虽然逃避了责任，但那些问题将来还会再次困扰你？我培训过形形色色的管理人员，许多人根本没有清醒地认识到自己“承受着压力”。但是，当他们把所有未竟之事用一种紧凑的客观系统加以整理安排之后，无一例外，每个人都“感觉好多了”。那么他们此前是怎样的感觉呢？感觉良好？或许如此，但无疑没达到应有的那种程度。

为了全身心地投入到当前的工作中，要把其他所有事情都处理妥当，这究竟有多重要？抛开一切，不受任何外界因素干扰，专心致志地做好当前关注的工作，真能做到这种程度吗？无论何时何地，你的意识只能把握为数不多的几件事情，其他事情都搁置在你心里的某个位置。但是，你确实能把自己的内心世界切分为不同的部分吗？因为只有这样，你才能真正免于生活和工作中其他杂乱无章的事务的负面影响。

要想始终如一地对自己和自己的工作满怀信心，你该怎样做呢？

顺便想想……

- 你上次“全神贯注”地做事是在什么时候？你知道自己是如何达到这种境界的吗？
- 有什么事情妨碍了你全身心地投入当前的工作？你该如何解决这个问题？
- 你有没有通过做某件事去避免做另一件事的经历？

第26章
未来目标的价值，在于它当前培育的变化

未来的愿景让你可以立刻去改善目前的状况。它会改变你的视角和行为方式，而且有立竿见影的效果。实际上，它的价值并不体现在按时完成某件事情，而是体现在它会改变你此时此刻所做决定的内容和性质。它能影响你当前决定去观察、感受和完成的事情。想象一下未来可能出现的积极结果，可以让你感觉自己的设想是可行的，还可以让你的思想成熟起来。我们会不由自主地采取行动，似乎自己的设想就是事实。

努力做事还是提升自我？或者说这就是问题所在？

> 做小事时心中必须想着大事，这样所有小事才能朝着正确的方向发展。
>
> ——阿尔文·托夫勒（Alvin Toffler）

在探讨人类生存目的和终极“成功”的过程中，我们会遇到一种

美妙的困境。提升自我，还是努力做事？人类最伟大的成就是否源自对物质追求的摒弃，以及感悟后与精神渊源的关联？或者说，人类的成就感是否源自成功？是否源自为自我和世间众生创造佳绩？

凭直觉我就知道这种二分法是错误的。这并不是一个非此即彼的命题。真正的存在是一种高度动态性的积极经历，可能包括也可能不包括身体方面付出的努力。成功而又高质量地“做事”本身就是成就，具有永恒的类似禅宗的一面，而且通常与更高层次的意识状态紧密关联。从积极方面看，采取行动与提升自我似乎可以很好地共存。

不过这件事非常微妙。内心反思的焦点及其外在体现是截然不同的过程，甚至可能让人感觉两者互相排斥。如果我要提升自我，结果却在忙忙碌碌，要么是由于习惯，要么是由于内心不安带来的紧张，我就会感觉空虚、无聊、缺乏成就感。相反，如果我确实应该做事，结果却在努力“提升自我”以避免实质性的工作，那么我的“存在”就会受到干扰，也就几乎无法关注精神层面或更高的层面。

因此，这里有一个问题需要解决，或者说人类渴求完美或至少取得进步这一梦想的一个二元方面需要正确面对。不过，多年前我就已经明白，在这种没有赢家的哲学处境中，一种更高层次的视角或许能化解而不是解决这种不和谐。换句话说，提升自我与做事或许并不冲突。

> 清晨起床的时候，我总是左右为难，想改造（或拯救）这个世界，又想享受（或品味）这个世界。这让我每天不知如何安排。
>
> ——E · B · 怀特（E. B. White）
>
> 不要制订小计划。它们没有让人热血沸腾的魔力，本身很可能也不会实现。要制订大计划。目标要高远，工作时要牢记：崇高而富有逻辑的计划一旦制订将永远有效。
>
> ——丹尼尔 · 哈德森 · 伯纳姆（Daniel Hudson Burnham）

人类的存在涉及多个层面，其中有些层面似乎是超越时空的。身体活动与这些层面以及我们与这些层面的关联程度没有多少关系。尽管如此，我们仍会把很大一部分自我投入到本质上不断变化和运动的世界中。

就我们的这个层面来说，关键问题并非是否积极主动，而是如何做到积极主动。如果你有意识的话，你就不可能怠惰。因为目的和专注方式的原因，你会非常积极主动。“存在”是一个极其积极的过程，但这种运动关注的是内心，而不是外部。尽管也有人“冥想”或静默，其实他们只是降低了外部世界干扰因素的影响，从而可以有更细微的内心体验。

或许这些才是真正的问题所在：在尽全力辛苦工作和内心的思考过程（这种过程能够培养并再次点燃灵感和丰富表达的火焰）之间，怎样才能做到平衡呢？我对内心世界和外在事物的关注是否比例适当？目前，我采取哪种类型的行动效果最好？是否应该花时间调整注意力去关注更微妙的领域，转变为更高层次、更健康的视角？或者说，该不该调动全部精力，积极行动，来履行对自我的承诺，从而更加积极主动地展现自己的风采？

是提升自我还是努力做事并不是问题所在，真正的问题是：“哪类行动最适合我呢？”

顺便想想……

- 假设5年之后你取得了惊人的成功，那会是什么感觉？你将如何看待周围的世界？现在就试试看。
- 你感觉自己的内心世界和外部世界平衡吗？如果不平衡，怎样才能让两者平衡？

gtd

part 3

建立有效的制约机制

我们不会感觉受缚于那些真正有效的限制因素。我们对公路上的交通标识满怀感激，因为它们让我们以最小的压力和风险自由迅速地到达目的地。有效的制约不仅不会占用空间，而且会创造空间。有时候，对我们的系统加以约束，可以把输出和表达提升到新的层次。

第27章
稳定带来创造力

我们始终生活和工作在许多不同的层面上。如果某个层面受到影响，它就会把我们的精力和注意力从其他层面吸引过来，直到问题解决为止。如果各个层面处于平衡的状态，那么不管做什么事情，创造力都会自然流畅、持续不断地得到发挥。

组织有序与创造力：朋友还是敌人？

> 我希望以勤奋的匠人身份被人们铭记。我认为诗人是匠人，莎士比亚是匠人，上帝也是匠人。我认为匠人超乎其他一切。
>
> ——劳伦斯·奥利弗（Laurence Olivier）

我发现了一个有趣的现象，许多人仍然认为组织有序和创造力是相互排斥的。经常有人说："别拿组织有序、工作清单这样的事情烦我，我只想发挥创造力。”还有人说：“我不需要整理安排这类事情，我可以把所有的事情都装在脑子里。”为什么人们会觉得“组织有序”跟自发性、直觉以及自由是对立的呢？这很可能是因为，在生活的某个方面，他们并没有对期望的经历和结果有强烈的认同。如果你确实想要拥有什么或体验什么时，你很少会认为自己必须做的事情就是做到“组织有序”，你认为这是应有之举。如果“不得不做到组织有序”，那么很可能你在组织有序方面投入的精力还不够。

> 请努力完善自我，这样日常生活就不会让你分心，也不会干扰你，你就可以充满热忱地投入所做的一切。然后你可以拓展自己的活动范围，以正常而又自然的方式把自己的热忱投入其他事情。
>
> ——约翰–罗杰

如果想在画布上表达自己，而颜料是你的工具，那么你需要整理安排好颜料和画笔。你不会去想“组织有序”的问题，因为你就会这么做。如果你想钓鱼，而且也确实很喜欢这项运动，那么你会把鱼饵和钓线整理得井井有条。最擅此道的人总是会把钓具准备妥当。

那么，为什么人们方方面面的工作未必都是如此呢？我接触过许多资深专业人士，在他们的帆船上，控制室安排得井井有条，可电子信箱的收件箱却一团糟。为什么？造成这种差别的根本原因是什么？

一旦体会到在头脑清晰（我的意思是头脑真正清晰）的状

态下开展工作的感受，我相信你会投入大量的精力去考虑“必须做到组织有序”。为了保持这种感觉，你一定会这样做的。跟西方相比，远东地区有种截然不同的模式来达到自动自发的状态。在远东地区，如果你想体验真正的自由表达，那么你可能一生都要过极其简朴的生活，还要受到严格的纪律约束。

如果没有约束机制，那么人们很难充分发挥创造力。你不妨尝试一下在没有画布的条件下作画。创造力与自由是同一枚硬币的两面，我喜欢这两个世界的最佳表现。想获得自由？请努力做到组织有序。想做到组织有序？请努力发挥你的创造力。

顺便想想……

- 如果由外人客观地评判，你觉得自己生活和工作的哪些方面“井然有序”？是出于哪方面的考虑让你做到这一点的？
- 你觉得自己哪些方面“混乱无序”？哪些方面需要安排得更有条理，才能使生活的这些方面更重要或更有趣？

第28章
形式与功能必须符合效率最高的原则

支持型结构与限制型结构的差别仅仅在于它们与最终目的是否一致。如果为了实现期望的目标而过于频繁地召集会议，那么会议将会变得没有吸引力，参加者寥寥无几。为了实现预期增长目标而建立的不合理结构，会阻碍工作的进展。效率大师的一个标志，就是他们懂得什么工具最适合什么工作。

幻想者与实干者——个人的劳动分工

最近我意识到，在人生的旅途中，我一直在扮演两种不同的角色：幻想者和实干者。两者的思想和行为都存在差别，只要我不混淆其角色和职责，各方面的工作效果就会好得多。

多年前我就已经明白，人的个性和工作风格可谓千差万别：有“不切实际的”思想者，他们讨厌细节和承诺；也有实干者，如果需要制订计划或选择前进方向，他们就一筹莫展。我很清楚，现在的我两者兼备。

> 没有行动的计划只是梦想，而没有计划的行动只是徒劳，计划与行动并举才是世界的希望。
>
> ——出自英国苏塞克斯郡一座教堂，约1730年

作为幻想者，我喜欢待在橡树下，喝着咖啡，构想宏大的新项目和心目中的理想场景，有时候我甚至会从战略的角度思考问题。作为实干者，我最感兴趣的，却是处理电子邮件，做出决策并完成某项具体工作，从而让手头的工作取得进展。只要泾渭分明，两者就能和谐共处。

但处于幻想者模式的时候，如果我开始思考手头有多少任务要做，以及该如何去完成，我就会心生怨恨、沉默寡言。如果身处实干者模式，却让“应该思考更重要的事情”这种心态发挥作用，我就会变得情绪低落、麻木不仁。

下列方法可以让内心的这种合作关系发挥最大的效用：

1. 工作篮：处于创造性模式的时候，我可以把想法记到笔记本上或把记录想法的纸片扔进工作篮中——让其融入“系统”，立刻安排给“其他人”。实干者的模式发挥作用后，我会发现这个问题并考虑：“下一步如何行动？”然后采取相应的行动。

2. 项目和可能要做的工作清单：它们是幻想者的奖品

陈列柜。

3. 后续行动清单：它们给我的实干者模式提供一些小“工具”，这样实干者就会感觉富有效率，并能迅速取得成功。

4. 每周回顾：利用这种方法，可以在定期召开的员工会议上把幻想者和实干者召集起来，让他们团结一致、充满热情地做好各项工作。

顺便想想……

- 在你的身上，哪一方是主导，幻想者还是实干者？
- 有什么办法可以强化一下相对较弱的一方？

第29章
优化系统，放飞思想

你骗不了自己的大脑。它是你当前的个人管理系统方面的专家，它清楚你做出的行动决策是否值得相信，它清楚你是否决定了下一步的行动。有可能采取行动时，它很清楚你是否准备了行动提示来提醒自己。如果这些你都没做到，那么你的大脑就不会放松。它绝对不会。它会没完没了地提醒你注意自己要牢记的事情。大脑是人类忠实而虔诚的仆人，不过我们应该用其所长，而不是相反。

你的大脑是否胜任新的工作?

如果抛开头脑中纷繁芜杂的一切，权衡各种因素，然后做出关于如何进一步行动的决定，那么你的头脑将获得极大的自由。毫无例外，如果能真正完全按照这种方法行事，那么我们的精神或直觉专注能力就会兴奋起来，我们也就能从全新的、积极的视角去看待和体验各种事物。这就如同热气球一样，放开束缚之后自然就腾空而起。新的创意会出现在我们的脑海中，我们就有了更方便执行的决策立场，可以应对遭遇的各种情况，尽管有些情况是我们不愿面对的。但这种水平的提升有可能持续不了多久。

把精神专注力提高到更高的一个层次是一回事，而把水平维持在这个层次又是另一回事。大脑如果想要保持在新的层次，那么下面各个层次都必须得到有效的处理。如果能够从事积极的知识型工作（思考、决策和选择），同时建立完善的个人管理系统来处理各种结果，那么就像给自己聘请了一位出色的行政助理一样，可以把你解脱出来，去做自己希望重点关注的真正重要的事情。但是，如果这种系统得不到常规的检查与及时的更新，那就如同悄无声息或在无人替代的情况下解雇了重要的助理。你立刻就会再次受到拖累，开始担心细枝末节的问题。例如，谁来接电话？票据放在哪里了？明天有什么预约？我们回去跟肖恩谈过计划问题吗？等等。而这些工作并不属于你的责任范围。尽管如此，如果这个层面的问题得不到有效处理，你

> 持续低效地关注各种不得不处理的琐碎事务消耗了我们绝大部分的时间和精力。
>
> ——克里·格里森（Kerry Gleeson）
>
> 好记性不如烂笔头。
>
> ——中国谚语

就无法真正做好自己的本职工作，至少不能把个人才能发挥到极致。

搞清楚自己的所有项目和相关的行动之后，你一定要努力让这些清单内容全面，而且与工作的进展保持一致。为了保持头脑清晰和自己的高度责任感，为了做到身心平衡、全身心地利用真正的机会，你必须关注并维持好那些提醒你手头工作的因素——你的各种清单。如果系统和促成系统的流程与进展情况脱节，那么这种积极的体验就会荡然无存，而这种情况很快就会出现。随着工作的进展，几天（有时候是几小时）之内，你就必须把新的信息整合进去，细节内容需要核实、总结，尚未开展的工作也需要回顾和适当调整。就正在做的事情和没有做的事情来说，你必须能够再次彻底地全面把握。

这些年来我们发现，所谓的“每周回顾”（理清所有工作、流程和组织情况）是需要养成的最重要的习惯，这样才能保证轻松控制成为一种生活方式，而不是特殊的经历。我们的头脑中似乎有种东西跟7天一个周期的业务工作节奏一致。每隔7天，我们就需要把目光从当前的具体工作上移开，进行一次宏观的回顾与展望。这并不是说要关注多么高的层面，而是要考虑一下短期内需要承担的任务和开展的工作。

对各种要做的工作开展的情况分析并不会自动出现。我们需要在每个工作周的末尾抽出一两个小时的时间来进行认真的逻辑分析，要暂时摆脱日常事务，投入精力做这件事情。从大部分人的表现来看，大家都认为这种工作并不实际，是那种能做肯定好可是没有时间去做的事。许多人并没有认识到，只有借助这种方法，你才不用再去思考自己应该思考的事情。实际上，你可以用这种方法来消除内心的苦恼。不过这需要你在今后的生活中每周拿出一两个小时的时间。

顺便想想……

- 你上次全面回顾自己的所有优秀项目并考虑随后的行动是在什么时间？
- 采取何种手段可以保证你经常这样做？

第30章
反应能力提升生存能力

无论何种事物，只要能增强你对周围环境的认识，缩短你的反应时间，平衡你的内部系统（从而消除反应不足或反应过激现象），就可以给你带来竞争优势，改善你的绩效。对新情况保持敏感并对变化具有适应性将有助于物种、战斗机驾驶员和生产线的生存。

治疗混乱的药物

多数药物，无论是治疗性的还是娱乐性的，都可以让我们从现实世界中得到暂时的解脱。它们会让我们对外部机体（比如细菌或公司老板）的入侵变得麻木不仁。堆积如山的待处理问题很容易发挥同样的作用。

如果让众多犹豫不决的事情在周围堆积成堡垒，那么人们

> 人们之所以孤独，是因为他们建造围墙而不是桥梁。
>
> ——W · E · 钱宁（W. E. Channing）
>
> 能屈能伸的人有福了，因为他们不会暴跳如雷。
>
> ——迈克尔 · 麦格里菲（Michael McGriffy）

跟外界的关系就可能受到阻碍。因为这样一来，出现的任何新情况都需要迂回曲折地绕过文件、电子邮件以及错位的信息、任务等组成的障碍，而且这种不良状况会愈演愈烈。随着混乱局面的进一步恶化，它会留出不断增加的“余地”，从而把那些不愉快或具有挑战性的事情搁置起来，甚至直接忽略掉。这个过程并不一定会让人感到尴尬，因为在工作场合，“忙得一塌糊涂”和“重要”似乎是等同的。

避免生活和工作对自己的困扰自然是件好事，不过药物会使人上瘾并导致人为反应，而且服药的习惯也难以改掉。即使人们决心“戒除”习惯，彻底清理内外部环境，新经历也可能让脆弱感悄悄地渗透到那些令人不太舒服的事务中去。你不妨咨询一下那些曾经尝试过彻底地戒毒的人。在你习惯之前，不再用任何微妙的借口去回避生活和工作的变化，可能会让你有种被人扒光衣服的感觉。

但是，你也可以处理好手头的工作并适应这种方式。一开始的时候，放任各种事情遭到搁置不加处理，感觉或许比着手处理更让人不舒服。这种做法也可能会让人着迷，但却能收到更健康、更富成效的效果。

我们当中有些人曾经花费数千小时的时间帮助人们转换为更全面、更前端的个人决策模式，我们发现，团队和整个企业文化都得到了惊人的提升。我们的做法是每次处理一个团队成员的问题。经理人经常认为有些问题需要通过“团队建设”练习才能解决，结果发现其中大部分问题都会消失，因为组织有机体的神经系统已经变得更加纯净。它在食物链上的位置已经有所上升。

> 如果我们的工作环境简洁明了，甚至陌生人都可以轻松搞清楚，那么这样的环境也可以轻松地汇聚大家的智慧。
>
> ——木尾寸崎（Kio Suzaki）
>
> 问题的关键绝不是如何获得具有创造性的新思想，而是如何摆脱旧思想。每个人的大脑都是一座摆满了旧家具的建筑，清理出一角，创造力立刻就会填充进去。
>
> ——迪伊·霍克（Dee Hock）

顺便想想……

- 就目前的环境来说，你是否在回避对某些事情做出反应呢？要处理这类事情，你需要做些什么？
- 别人最愿意用什么方式与你沟通和交流？为什么？

第31章
系统的强弱取决于最薄弱的环节

个人管理系统的价值体现在它可以把各种资源释放出来，把工作做到更高层次、更完美，这是因为它可以赋予我们更多信心，从而推进我们的工作。但是，如果对工作的推进并不是一以贯之的，那么任何系统都不可能做到真正有效率。指挥官总是要应付那些没有人承担的工作。如果没有安排合适的人来负责洗手间的卫生工作，那么到最后恐怕只有首席执行官亲自动手。系统如果不能百分之百地处理好自己的工作，那么就不会减轻任何压力。在概念、软件和培训方面，虽然我们可以很轻松地建立起花哨的系统，但是，如果你得了流感、浑身难受，这些系统是否还会发挥效力？真正的系统必须能经受最恶劣的现实情况的考验，纵使在我们一点儿也不想继续维持它的情况下。

你的周边工作做得怎么样?

每个组织都有神经和中枢神经系统，它们总是能够反映组织本身最薄弱的环节。如果某个团队成员连续两周不回复任何电子邮件，那么整个团队的敏感度和效率都会被削弱。如果每个成员都能在几小时内处理好自己的沟通问题，高效率自然也就随之而来。人们经常抱怨说，来自公司的那些貌似毫无目的的电子邮件给他们带来了沉重的负担，但那些最常抱怨电子邮件的人，通常都不怎么擅长利用电子邮件。系统的迟钝会不断地衍生发展。

在这样的环境里，人际交流变得迟钝、懒散。要跨越这些缓冲区造成的障碍，其他人必须提高说话的声音。提高了的（而且通常是不合适的）音量和紧迫感会造成一种被动的氛围，而组织文化也发展到了边缘，结果组织的反应能力变得既迟钝又过于积极。组织文化中的重大战略变革举措也变得有始无终，无益的信息不顾后果地到处流传，而“狼来了”心态也会让沟通的感觉变得迟钝。

另一方面则是那些定期处理电子邮件和其他沟通方式的个人和团队。他们已经发展到了更成熟的问题层面。他们擅长迅速处理问题，不管是重要邮

> 真正的挑战是要把良好的沟通变成方便易用的工具，然后你就可以不假思索地将其派上用场。
>
> ——马克斯·德普雷（Max DePree）

件还是垃圾邮件。更有趣的是，他们好像并没遇到同样多的无关问题。通过持续不断地工作，他们已经建立了一种能对自己联结的网络做出敏锐反应的系统。如果别人知道你在密切关注他们发送的信息，他们自然会更注意信息的质量和适当程度。如果各种关系中的反馈环节都得以缩短，那就会形成一种更健康、更富有成效的局面，从而达到更完美的程度。

> 榜样最具影响力。无论是行大善，还是为大恶，都会影响别人做出更多的类似行为。
>
> ——拉罗什福科（La Rochefoucauld）

企业文化（包括家庭）如果出现这种情况，那么所有系统都会受到积极的影响。在敏感度不断增强、日趋平衡的情况下，迅速反应的能力可以缩短各种交流的时间和决策的周期。再也不会出现短路、烧断保险丝的情况。让人分心、与工作无关、有损于工作的东西都变得一目了然，没有任何生存发展的空间。

在我们的工作中，如果碰巧培训到工作流程中某个团队的全体成员，我们就教他们去建立一种即时反应机制，这样他们就不必再去考虑当前应该考虑什么这个问题。无所作为不仅浪费精力，而且经常还会导致衰败状态，带来不必要的复杂局面和压力。我们会向他们证明，有意识的行动胜过无意识的反应。这并不是在倡导膝跳反射那样的不由自主的反应。在交流的过程中，思考过程并没有消失，而是变得更为缜密。由于出现在情况进入危机模式之前，交流过程自然就是我们的有意之举，我们的行动也就更加积极。这样，长期积压的工作就得到了清理，明确的制度也会就位，前端决策机制也就进入了运行轨道，合作和交流的质量也会有明显提高。我们所做的，就是铺设更好的线路、安装新的火花塞。这个系统并不能根除所有问题和挑战，但通过这个系统，我们可以更早地发现它们，更轻松地处理它们。

顺便想想……

- 你个人工作流程的瓶颈在哪里？尚未处理的最陈旧的交流方式是什么？怎样才能抛开这种老套的交流方式？
- 就你用来自我管理的清单或结构来说，有哪些是不完整的?怎样才能全面改善?
- 从工作的角度来看，你的团队（或家庭）的瓶颈在哪里？该如何加以改进?

第32章
系统的效率与你的感知度成反比

如果不得不关注自己的系统，你就浪费了原本可以用来做好本职工作的精力。系统安装、调整或升级的目标，就是让你尽可能快地不再考虑“系统”问题。

成功的系统：平静运行

系统越完善，你越不易察觉它的存在。你对系统投入的注意力越少，它发挥的作用可能越大。只有在系统失效或必须留意使用情况时，你才会关注系统。你需要做的，是工作、行动、思考、创造和处理各项事务，而不是关注做事的具体方式。你需要做的，是享受在乡间驱车前行的感觉，而不是考虑换挡或控制车内温度和通风等问题。

建立起平稳运转的系统通常是提高效率的绝佳机会。十有

> 我必须创立一个系统，否则会遭到别人的系统的奴役。
>
> ——威廉·布雷克
> （William Blake）
>
> 将我们绑得最紧的那些束缚，来自我们已经摆脱的那些锁链。
>
> ——安东尼奥·波契亚
> （Antonio Porchia）

八九，人们的工作流程都无法运行，因为它们本身就够耗时费神的了。过去25年间销售的组织系统和软件在理论上都站得住脚，但却没有像人们希望的那样发挥作用。如果系统设计存在缺憾，或者操作没有达到“自动”的程度，而有待处理的工作却不断快速增加，那么系统就会崩溃。

参考归档系统可谓设计拙劣的系统的实例。该系统把各种文件装入带有标签的文件袋中悬挂起来，容量和速度都会扼杀这个系统。经常有堆积如山的文件需要整理归档，但却没有去做，因为谁也不愿意向过于拥挤、异常复杂的档案柜里放材料。如果在文件上做好标记，每个文件夹内只放一个文件，就可以顶住不断增加的压力，不至于崩溃。系统瓶颈的另一个实例是计算机的鼠标。我们有时候习惯于使用鼠标点击，而如果利用快捷键，速度可以达到鼠标的4倍。我们经常看到，因为花费过多的时间提出问题、构思解决方案、撰写并发送电子邮件，就连老练的专业人士也会因此被迫中断建设性思考和交流的过程。

你必须建立起自己感觉得心应手的流程系统。你需要拥有属于自己的“本垒”，所有工作处理工具和行为都应处于自动运行状态。坐下来工作时，你肯定不希望自己必须重复一次处理流程。在过去的20年里，每年有250天我都在按照自己的方式工作，即使在虚拟的工作环境中，我也可以高效率地工作。但如果在自己的办公室里，面对着自己的文件，工具一应俱全，我却可以取得更好的工作效果，因为不会受到任何干扰，因为我希望以最高的效率开展工作，既不消极抵制，也不留下后患。

顺便想想……

- 你建立了哪些不需要再去思考、使用即可的有效程序？
- 你的系统有哪些方面还必须不断思考去加以完善？怎样做才能使其更“自动化”？
- 你家里的工作空间怎么样？怎样才能确保自己拥有功能更强的生活管理控制室或工作台？

第33章
功能取决于形式

从许多方面看，恰当的环境和结构都有助于保障工作绩效。形式通常会引起人们关注，调动人们的积极性，进而产生富有创造力的精力和内容。如果想锻炼身体，请穿上运动装。如果想著述，请想个题目，然后启动计算机的文字处理系统。希望工作中的事情取得进展？请确定主题、安排会议。只有确立了目标，结果才会出现。

哪些方面需要加以关注?

说实在话，本章是关于使用我们倡导的方法后很少人体验过的一个层面。这个层面触手可得，而且对你的生活质量具有潜在的价值，因此我感觉很有必要提醒你加以注意。

如果可以确信工作的方方面面都进展良好，那么你会有何

> 让你的心灵先越过障碍，其他问题就会迎刃而解。
>
> ——诺曼·文森特·皮尔（Norman Vincent Peale）

感受？让我解释一下。在日常生活中，除了负责的那几百件日常事务，你还要在多个层面表达自我、展示兴趣、施加关注，而这些方面会让你的人生经历更丰富、更充实。当然，你必须把注意力转移到这些方面：孩子、朋友关系网、对烹饪的爱好、钱币收藏、高尔夫球杆、投资、对旅行的渴望、疯狂的想法、最喜欢的格言、个人得到的肯定、对莫扎特的喜爱以及对未来的梦想，等等。

> 并非时势造人，而是人造时势。
>
> ——本杰明·迪斯雷利（Benjamin Disraeli）

上述种种，或对你具有潜在吸引力和意义的几十种类似事物，此时此刻都在等待你去尝试、体验。你需要做的，就是全身心地投入，而且只需几秒钟就能做到。但如果你和我有些相似之处，那么你会忘记这一切。

我经常忘记去关注自己的朋友，忘记去赠送礼物。不管你相信与否，我甚至忘记了去享受乐趣。我忘记了在目前的职位上，下周可以跟办公室人员一起去完成哪些有益的事情。我忘记了在下雨的星期六下午可以做的数不尽的非常有趣的事情。是的，我甚至忘记了做梦。

于是我就在自己的个人管理系统中增加了行动提示项目，

并且在每周回顾进展时都核对一下实施情况。我认识的人当中，很少有人能真正发挥每周回顾这一基本手段的作用。对21世纪的人来说，这是黑带层面的个人管理系统：不断清理头脑，确定结果和要采取的行动，整理并更新清单，努力做到头脑清醒，心态积极。甚至更少有人体验过超越黑带层面的情况（一级黑带不过是个开端！），因为他们没学会创建创造力清单。

你要养成每周回顾的习惯。在回顾的过程中，要增加可能激发为生活增添价值的有意义的想法的清单，更不要遗漏工作的某些方面。

顺便想想……

- 在你的生活中，你对哪些方面的忽视或许有些过分？如何设立行动提示，才能让你更持续连贯地思考这些领域的问题？
- 为了开始某项工作，你或许会希望召开何种会议？

第34章
目标明确才能赢得胜利

只有在对目标有非常明确的把握的情况下，游戏才会充满乐趣。在足球场上，踢足球的目标只有完成射门才得以实现。只有你完全清楚希望将球踢向哪里，这项运动才最为激动人心。工作这种游戏也需要同样的限制和目标。

思考与行动之间的可怕“沼泽”

彼得·德鲁克曾告诫我们，知识工作最艰巨的任务，就是“明确你的工作”。我发现，在明确自己的工作时，我们面临的最大挑战就是：（1）思考目前从事的工作；（2）为思考的内容采取行动。

> 工作会教你如何去做好它。
>
> ——爱沙尼亚谚语

这些行为并不会轻易出现。我们总是倾向

于忙着做各种事情，但却没有明确的行动目标。我们往往思考、担心、谈论各种各样的想法和可能性，但却没有把它们转化为现实结果。

在恰如其分地明确并管理一份真实而完整的项目清单时，这两种挑战会同时现身。我将“项目”界定为你决定实现而且需要采取一系列行动才能完成的一种目标。在我看来，“买盏新台灯放在办公桌上”和“收购公司”都是项目。按照这个定义，当前你可能承担着30~100个项目。问题的关键并不在于你承担了多少项目，而在于你可能根本不清楚自己究竟承担了什么项目。

> 把想法转化为行动的能力是取得成功的秘诀。
>
> ——亨利·沃德·比彻（Henry Ward Beecher）

人们总是无意识地去回避创建项目清单，不过这可是确保自己每天都能轻松控制生活和工作的万能钥匙。它是每周回顾的基础，而在我看来，要管理我们关注重心的各种可能性，每周回顾本身又是一项关键工作。

一方面，有些人在思考工作问题时极富幻想但又充满理性。他们的头脑中充斥着重大方案，比如进军欧洲市场，防止在工作场所筋疲力尽，重组高级团队，或者加深与客户或战略伙伴的关系。我们问及“对于那项工作，你有什么项目”的时候，他们通常很难理解问题的含义。在他们看来，真正的挑战

> 如果深陷鳄鱼的包围，你很难记住自己的目的是去给沼泽地排水。
>
> ——乔治·纳珀（George Napper）

在于决定采取什么措施才能促进方案的实现。培训这些人时，我们经常只好从愿景或“关注领域”层面出发，然后逐渐引导他们接触到需要明确的项目。他们需要把“改变企业文化”具体落实为“研究变革管理咨询公司”，并将其纳入自己的项目清单。但他们却像抵制瘟疫一般抗拒这种做法。

另一方面，有些人的电话、电子邮件、与员工的活动安排、会议和各种杂事堆积如山，可他们并没有明确推动这些事务的最终结果，因此也就无法有效地管理并完成项目。培训这些人时，我们通常的做法是通读他们的所有下一步行动清单，由此找出造成这些清单的项目。他们的电话记录纸条上写着：“给鲍勃·史密斯去电话，咨询他有什么建议。”由此应该促使他们把“研究变革管理咨询公司”列在自己的项目清单上。但他们同样也像抵制瘟疫一般抗拒这种做法。

然而，如果这些人当中有人能够真正列出这样的一张清单，那将减轻多少负担啊！实现无压高效工作的一把万能钥匙，就是列一张完整准确的项目清单，而且这张清单要至少每周更新回顾一次。我们认识的人中间，有许多人还没有掌握这把钥匙，或许这是因为这把钥匙确实有效。

顺便想想……

- 你有自己全部项目的清单吗？什么时候你会花上半个小时去列出这样一张清单呢？
- 在过去几天里，你决定要去解决或完成什么项目？该项目列入清单了吗？

第35章 多人负责等于无人负责

如果行动的焦点不集中，那么为了取得进展而产生的不适就经常会变得迟钝，对相关细节的感知也会变得麻木。只有至少一个人认为应当承担全部责任时，分担职责的做法才会奏效。每艘船每次出海只能有一名船长。

内部委员会

有时候我会陷入麻烦。参加生活与工作这种游戏时，我感觉我的自我管理团队其实只有一个人，可实际上我却是个委员会。

> 如果你想用一个词来描述人类为何不能，而且永远不可能发挥全部潜力，那么这个词就是——“会议”。
>
> ——戴夫·巴里（Dave Barry）

事实上我拥有一个委员会，但它经常像负责人一样行事，结果

> 如果想完成一件事，那么为此成立的委员会成员不应该超过3人，而且其中两人一定要缺席委员会的活动。
>
> ——罗伯特·科普兰（Robert Copeland）
>
> “如果每个人都干好本职工作，”公爵夫人声嘶力竭地咆哮道，“那么世界的运转速度就会比现在快很多。”
>
> ——刘易斯·卡罗尔（Lewis Carroll）

我承受了委员会遭遇的那种疯狂命运的鞭挞和蹂躏。轮到委员们发言时，内部委员会的每个成员似乎都是正确的化身，有时候谁也不愿为发生（或没发生）的事情承担责任，因为根本没有达成共识，或者缺乏有效的领导。在某些方面，我倾向于关注当前看来非常重要的事情，但（从更宏观的角度看）这些事情或许与整个企业的利益毫不相关，甚至可能极为有害。而人们也很容易就会（从任何传统视角来看）说：“这不是我的责任，是他们干的！”或者更可能说：“是因为他们不作为才会这样。”

如果能让自己的内部管理委员会形成一致意见，或者干脆让他们闭嘴，那么我可能就再也不会有压力了。不同的视角和观点可能会很有价值，但如果把它们等同对待，就会出现问题。如果甲方提出“做这件事”，乙方提出“做另一件事”，麻烦就来了。如果前面这件事做了，那么乙方就会感觉难受。而如果后面那件事做了，甲方就会因为受到了冷落而心情沮丧。

幸运的是，还有首席执行官的存在。关键是要让他在合适的时候出席会议，发挥自己在高层分析、明智的决策和确保恰当的执行等方面应有的作用。如果他对这些职责不闻不问，那么我的公司就麻烦了。

“恰当的执行”——如果说有的话，这就是我心目中的战略问题！如果我能把自己身上不够聪明（但精力异常旺盛）的那部分机体集中起来加以约束，去做比较聪明的那部分机体认为是执行计划的最佳选择，那该有多好！那简直就是人间天堂。但是真正艰苦的挑战在于：要把精力和物质资源集中起来，向着正确的方向前进，同时坚持不懈地完成那些确实需要做的工作。

我已经掌握但还需要不断练习的一项技巧，就是建立起合理的组织结构，发挥委员会每位成员的力量。我需要自身的每一部分机体都承担适当的工作，同时还有一个系统来保证这种状态始终存在。

我不需要严格的纪律，需要的是训练有素的方法。富有创造力、积极主动、精力旺盛的那个“我”需要去做某种可以承担、能够完成的工作，而聪明、敏锐、清醒的那个“我”则需要一个合适的空间，来支持和表达内心深处更高层次的梦想和价值观。我需要随心所欲地拥有并把握那些创意，还需要专注的行动和将其转化成下一步行

> 委员会做出的决定可能会比任何一个成员做出的决定更愚蠢。
>
> ——戴维·科布里茨（David Coblitz）

动所必需的系统。这就是组织发展的途径——自内而外。

顺便想想……

- 在你的内部委员会中，谁是反抗者？
- 召开何种讨论会可以保证你的首席执行官尽职尽责地开展工作？

第36章 确定原则，而不是监管制度

规则之所以出现，是因为原则表述不清楚或未能得到信任。如果很清楚人们都接受了你的标准，你就可以让他们自由决策和采取行动。如果不存在这种协调情况，那你就必须借助规则进行微观管理，长远看来，这需要投入更多的精力。

你的最佳表现出现在……

你是如何做事的？你的最佳状态出现在什么时候？你的团队是如何做事的？团队的最佳状态出现在什么时候？你的董事会呢？你的婚姻关系呢？

> 员工应该明白你能容忍什么，也应该明白你不能容忍什么。
>
> ——佚名

有一条很好的途径，那就是思考一下博学者那条冠冕堂皇的建议——“关注你的准则”的实际应用。请这样做：在一张纸上写下标题“我们的最佳表现出现在……”，然后尽可能地记录你们的最佳表现。请确保记录的真实性，而且尽可能用自己最好的方式加以记录，然后把记录的结果跟应该分享的人一起分享。

> 简明扼要的目标和原则会带来复杂睿智的行为，复杂的规则则会导致简单愚蠢的行为。
>
> ——迪伊·霍克（Dee Hock）
>
> 并非所有重要的东西都能被计算出来，而所有能够被计算出来的东西未必都是重要的。
>
> ——阿尔伯特·爱因斯坦

最近，我一直在体验这种高质量的思维方式，思考我在怎样工作、自己喜欢怎样工作，以及自己希望怎样工作——我的价值观、原则以及我的标准。去年，我们的团队开始增加新成员。与团队成员开会前，在一次漫长的飞行旅途中，我和妻子亲自尝试了这种训练。因为公司只有我们两名员工，此前我们不必过于关注自己的标准。在过去10年间关系密切的工作和生活中，我们已经有了大量明确的已知因素。没什么大不了的。不过现在有人要加盟我们这个快乐的团队。我们不想在今后的某个时刻让他们因我们工作中的某些优先事项而吃惊——反之亦然。

我曾经避免与其他人进行一些令人不快的谈话。这些谈话本该及早进行，结果拖到后来却让人感觉更加痛苦。在个人与职业关系中，很多压力都是因为标准不一导致的。而在最初双方确定协议时，你根本没意识到这个问题。不幸的是，通常只是在对方的行为达不到期望目标时，你才会意识到自己心目中哪种行为是合适的。

在我们公司里，我们人数不断增长的新团队用几个月的时间进一步明确了大家的集体准则。我们列举了超过20种准则，这里简单向大家介绍几种：

- 不断挑战自我，力争参加规模更大的游戏。
- 在日常的互动中，引导我们的是好奇心，而不是约束机制。
- 大家不会因探索、表达、向前发展而受到责难。
- 支持有意识的创意冒险活动。
- 我们彬彬有礼，满怀恭敬之心。

作为一个团队，我们努力挑战自我，要让这些准则富有活力、真实有效。围绕每项准则我们都提出了问题：我们达到这个标准了吗？为什么没达到呢？怎样才能有更好的表现？这方面的一个实例可以是……？

“公司准则”或许通常就像司空见惯之事，跟真实的日常世界没有多大关联。当然，如果这些准则确实得到你的认同，那就是另一回事了。

顺便想想……

- 你有没有创建一张清单列出工作和生活中遵循的一些关键原则？应该跟谁分享这张清单？
- 是谁让你抓狂？为什么？你认为这个人的行为达不到你的哪种标准？

第37章
利用大脑来思考工作，而不是单纯关注工作

跟出色的管理系统相比，大脑并不能很好地记忆或发挥提醒作用。大脑真正擅长的，是分析各种选项和现有的信息，然后决定“如何去做”。如果大脑一直在努力记忆和发挥提醒作用，那它就无暇去分析、决策。因此，如果没有无懈可击的系统，大脑就会以较低的水平运转，从而导致资源的滥用。

常规是无形的吗?

> 大师的过人之处首先体现在自我约束。
>
> ——约翰·歌德
>
> （Johann Wolfgang von Goethe）

常规的某些方面让我很感兴趣。掌握常规前，你犹豫不决；一旦掌握，你就会超越常规。而且只有前后之别，你永远不会仅仅局限于常规做法。

驾驶汽车有一套常规。掌握这套常规之前，你关注的是如何驾驶。一旦掌握了驾车要领，你就通过驾车来到达某个地方，“在大马路上”表达自我、探索、交际。你永远不会只是在开车。

我练习过空手道的“型”。“型”是一系列程序化的动作——面对两个或多个假想敌做出的非常具体的反应。掌握这些“型”需要注意力高度集中，还要严格遵守规范。一旦掌握，这些“型”就成了你不断增强个人注意力、提升速度和准确度的工具，你就再也不是单纯地练习“型”了。如果一名黑带级别的空手道练习者在漆黑的胡同里遇袭，他不会运用“型”。他的动作绝不会这么纯粹，但不管如何反击，他的动作一定是干净利索、目标明确。如果不练习“型”，他绝对做不到这一点。

> 一旦敢于面对死亡，突然间你就能够自由地生活。你不会再去计较自己的名誉，但求生命得到完美的利用，即促进你信仰的事业。
>
> ——索尔·阿林斯基（Saul Alinsky）

干好工作也有一套常规做法。收集、整理、组织、审查，然后根据工作与你当前的能力之间的相互关系，选择该如何行动以及要达到怎样的目标，或维持怎样的状态。掌握常规做法前，你会忙着关注自己工作的效果。熟悉了这套常规之后，你就能够不断地主动增强自己对工作真正含义的认识和理解并加以表达。

常规。没有常规，你将无法做事，但做事时不要局限于常规的约束。

顺便想想……

- 你仍在要求自己的头脑提醒自己注意什么？怎样才能得到解脱？
- 如果想要把自己解放出来，去进行更高层次的思考，你需要完成何种训练或建立何种结构？

第38章
思考的价值超乎想象

你的很多想法即使当前没有明显的价值，也蕴含着可能极为有用的某种创意的基础。你只是尚未发现而已。要自由地记录下头脑中的各种想法，以便将来重新斟酌。要养成随时记笔记的习惯，每次从其他渠道（会议、谈话、语音邮件等）获取信息，或者在自己灵机一动时将其记录下来。要把为开展工作进行的搜集、加工和组织过程明确区分开来，同时允许自己不加区别或分析地收集各种想法。心理学家将这种做法称为“分散认知”，它会成为你在工作和生活中发挥创造力的重要源泉。

自由和形式带来的乐趣

就工作效率和个人装备的使用来说，我的多数发现似乎都

> 没有哪项伟大的发明是从商业计划开始的。
>
> ——佚名

具备一种宇宙模式。在我看来，那是崇高与世俗的奇怪接合处。我之所以变得非常喜欢自己的工作篮，并不仅是因为我有堆积塑料文件盘的怪异喜好，而是因为我想要自由地表达、创造和留存各种东西，然后通过整理把所有一切协调好。两者相互促进。

我喜欢自己那书写流畅、手感极佳的圆珠笔或粗头钢笔以及整洁干净的拍纸簿，原因在于，在混乱的思考、计划和记录过程中，这些东西有助于我即兴发挥。我相信，这些想法会得到消化、评估，尽管我还没明白其中的价值。

> 在当今时代，我们需要的主要工具包括两种：如何融合各种事情和如何搞清楚各种事情。这是创造力表现的两种形式，分别称为想象力和解决问题。
>
> ——史蒂文·斯奈德（Steven Snyder）

我喜欢自己笔记中那些随性的个性化字体，喜欢把它们融汇、整理到电脑中。我经常培训那些寻找利用其中一种方式（只有笔记或电脑）的完美手段的人。我发现，同时采取这两种方式可以相得益彰。我很高兴，尽管扔掉了自己记录想法的几千张酒店便笺，但却仍有少数想法经得起后来的检验。（而且这并不一定是因为昨夜的宿醉！）

> 想出一个好主意的最佳途径是先想出一堆主意。
>
> ——莱纳斯·波林（Linus Pauling）
>
> 所谓的“愚蠢”问题，实际上是某种全新发展情况的最初征兆。
>
> ——阿尔弗雷德·诺思·怀特海（Alfred North Whitehead）

我的生活和工作似乎有相同的节奏，不过规模更大些。如果有新项目进展或事情要做，我会有6~12个月的周期性疯狂工作。我的工作清单就像夏天的李子树。如果树上挂满了成熟的果实，我们只能一天到晚忙着采摘。然后我会用接下来的6~12个月去整理、完成各项事务，重新做到某种程度的控制。

膨胀与收缩，创造与完成，右脑与左脑，阴与阳。我们把这些极端的对立平衡得越好，工作效率也就越高。你务必确保自己掌握维持这个流程需要的各种工具。

此外，还有一种更微妙的相互作用：在不断扩展的过程中，你会发现规则。受到约束的同时，你却能揭开无限世界的奥秘。向出色的园丁咨询一下。自由的表达将会带来明确的方向。带着重点去解决问题，创意之花就会盛开。

很诱人，对吧？

顺便想想……

- 目前你可能对什么问题采取头脑风暴的做法？尝试一下从未有过的想法会如何？
- 在什么样的时间、地点，你会产生那种随意但却具有潜在价值的想法？你能方便地记录这些想法吗？
- 你最喜欢的记录工具是什么？在哪里？怎样才能让这种记录工具更加触手可及？

第39章
资源越是有限，规划越有必要

如果拥有世上的全部时间、金钱和精力，那你还用费心去管理吗？只要四处走走，让它们顺其自然好了，或者在需要的时候就拿来一用。只有在面对如何分配有限的资源这种问题做出艰难选择之际，你才真正需要明确目标、提高效率。“至精至简”（而且最具创造力）的公司将是那些愿景和现实之间距离最大的公司，而效能最高的，则是那些资源最为匮乏，但却努力做到极致的人。

人类的进化历史何以如此漫长？

> 上帝会原谅那些发明自己所需之物的人。
>
> ——丽莲·海尔曼（Lillian Hellman）

人类经历了漫长的进化历史，但却没有达到应该达到的那种完美程度，我已经找到了其中的原因。这是因为大家真正需要做的，往往就是我们最想回避的事情。

频频出现的情况是，我们最不愿做的，恰恰是最能改善我们处境的事情。最需要制订计划的时候，往往就是你认为自己无暇制订计划的时候。最需要安排组织的时候，正是你感觉最没时间和精力来做这种事情的时候。当你心灰意冷的时候，快乐的人往往最让你感到烦恼。

不妨想想看。如果每次背上过重的债务负担的时候，你都感觉好像在存钱，那将会是何种情况？如果每次对某个项目或处境感到有压力的时候，你都产生一种无法遏制的愿望要停止一切工作，和另外两位关键人员走到会议室里，重新讨论重点、战术以及下一步的行动，那将会是何种情况？如果每次开始大发雷霆的时候，你都能强迫自己喘口气，调整一下情绪，转变到一种更积极的视角，那将会是何种情况？如果每次事情变得不

> 无论何时，只要精力充沛、感觉良好，我就觉得百无聊赖。
>
> ——马克·吐温
>
> 芸芸众生与出类拔萃之辈的基本区别在于：后者把一切都看作挑战，而前者则把一切要么看作祝福，要么看作诅咒。
>
> ——卡洛斯·卡斯塔尼达（Carlos Castaneda）

> 在不能随心所欲、必须通过培养能力和才华并加以实现来补偿错过的一切的时候，人类群体中最优秀的成员的创造力才会处于最佳状态。
>
> ——埃里克·霍弗

可收拾的时候，你最喜欢做的，就是清理自己生活中的全部未竟之事，从自己开展工作的多个层面审视并重新考虑自己的所有承诺，那将会是何种情况？如果大家都能照此行事，那么我们很久以前可能就已经建立起了乌托邦式的黄金时代。

让人类进化的缓慢进程进一步放慢速度的是，在我们确实有时间、情绪更好并且更能控制局面的时候，我们并未感受到足够的压力，也就没去做自己清楚应该做的事情，来防止讨厌的不利局面再次出现。出现压力的时候，我们会自欺欺人地说会安排好的——以后。我们会更加善待自己和别人——以后。我们会更加注意策略，更主动——以后。

> 如果一个人敢于冒险，敢于拿自己的生命做赌注，那么就会出现变化和发展。
>
> ——赫伯特·奥托（Herbert Otto）

“以后”真正到来的时候，压力也就没有了。“如果我有更多的金钱，我确实会更具创造力。”真的吗？“如果我有更多的时间，我确实会____（请填空）。”你敢肯定吗？如果有了更多的时间和金钱，我们可能更不愿意去做我们感到应该做的事情。承受压力的时候，我们会放弃习惯，不再做需要做的事情。情况得到缓解的时候，我们会觉得没必要改变自己的习惯。

除非我们做出非同寻常之举。除非我们打破世俗桎梏的限制，掌握了超越世俗的工具。除非我们能够抗拒地心引力的影响。我们会做到这一点的，迟早而已。问题的关键在于，世界并非为了进化而存在，而我们却是为了进化而存在。

顺便想想……

- 在一开始投入最少的资源的条件下，你做出的最大成绩是什么？
- 你现在应该处理的未来的潜在危机是什么？
- 当前承担的项目或任务中，你认为完成哪一项需要的资源最匮乏？有什么样的建设性思维可以解决这个问题？什么时候解决？

gtd

part 4

放松自我，开始工作

有时候，我们似乎很有必要听听那句古老而朴实的忠告——“只管去做！”问题在于，要做的事情未必就是显而易见的。我们的头脑如果不加制约，可能会制造出让人无所适从的迷雾，因为我们往往过于聪明，结果不知如何开始。不过我们可以驾驭自己的精神动力去激励前进的步伐，同时将压力转化为轻而易举的效率。懂得如何响应号召，积极地投身到工作中去，是一种微妙而高超的技巧。

第40章
对自己做的事情承担起责任

无论你在经历什么，都是你个人选择接受或发挥推动作用的结果。这是个好消息，因为你是负责人，想改变就可以做出改变。你是自己的编剧、制片人和导演，在其他人的戏中不过是个临时演员。最优秀的团队都很清楚诚信的重要性，而且期望所有成员都努力做到这一点。无论出现什么情况，最出色的参赛者总是能够很好地控制自己的表现。在这方面我们都是孤军奋战。

新的基本要素

时不时地，人力资源主管会让我提交一些方案，说明一下如何把我宣讲的内容融入他们的管理和职业发展课程中去。每次我都会研究一下他们的课程方案，但却始终未能找到一个切

> 出现麻烦、局势一团糟的时候，总会有人提出解决方案，愿意负责指挥。这种人往往都是疯狂之辈。
>
> ——戴夫·巴里

入点。这并不是说他们的效能标准有问题，而是因为在领导品质、结果导向、交流、创造力、规划等非常受欢迎的类似因素之外，还缺乏另外一些东西。在很大程度上，对知识型工作来说可以视作关键行为的一些重要品质，一直没有受到认可。

你完成下列工作的能力怎样?

- 面对势不可当、数量众多的工作应付自如。
- 不受模棱两可的指导、倡议和压力的影响，确定切实可行的项目。
- 事情出现或事态紧迫时，决定需要采取的行动。
- 接收到新的信息后，面对不断变化的环境，迅速重新分组，重新确定优先事项，重新恢复平衡。
- 能单独完成工作，也能跟别人合作。
- 与自己及他人重新协商含糊或明确的协议。
- 在员工面前表达和考虑任何想法，包括糟糕的想法，然后做出客观的评判。
- 面对具有挑战性的障碍时，在短时间内重新关注希望实现的结果和要采取的行动。

- 不断掌握、明确、更新、审查、重新评估和重新协商生活和工作中的承诺，把全部精力投入到手头的工作中。

> 作为知识人士，每个人都有责任思考一下自己应该有何贡献、承担什么责任。而在知识型组织中，不管从事何种具体工作，每个人也都有这种责任。
>
> ——彼得·德鲁克

这里我遗漏了什么？为什么我很少看到这些标准被正式用来衡量专业人士的技能水准或业绩表现呢？你愿意聘用在上述某些方面表现欠佳的人或愿意为他们工作吗？在高强度的信息输入和飞速变化的环境条件下，如果某个人连自己都无法指挥或管理好，那么还能指望他去领导或管理别人吗？

我相信，竞争力——无论是个人竞争力还是组织的竞争力，取决于应对突发事件的能力。只有意外变化带来的压力向系统和行为发起挑战时，卓越才会真正得到显现。

变革总会带来混乱和不适感，重要的是这种情况出现的频率高低。你的业绩评估栏目中包括“为所有方面做好准备”这一项吗？

顺便想想……

- 是否存在这样的情况：你满心希望情况并非如此，但却感觉没有任何办法去加以改变。如果愿意的话，你下一步能够采取怎样的行动？你会在何时何地这样做？
- 你的熟人中，哪些人的工作效率最高？你认为他们为此付出的代价是高还是低？

第41章
过度控制等于失去控制

打网球的时候，如果球拍握得过紧，可能会影响击球效果。处理事情的时候，如果抓住不放，可能会妨碍你从最有效的角度去采取措施。在做事情的过程中，微观管理（过于关注生活和工作中的细枝末节）可能成为诱人的陷阱。细节问题值得关注，但条件是有价值存在。

你是“组织有序的痴迷者”吗?

最近，我更清楚地认识到了“组织有序的痴迷者”的存在。这些人投入过量的时间和精力去研究分析如何安排工作细节，然而在我看来，那些细节似乎根本不值得付出那么大的努力。我曾花费多年时间研究提升个人以及团体效率的最佳途径，因此从我口中说出这样的评价或许让人感觉奇怪。确实如此，我花费了无数时间来分析系统、软件、工具和技巧，目的就是要找到以最少的投入完成工作的最佳途径，可花费的大部分时间都是徒劳无功。或许差别在于，我关注的是把事情从头脑中抛开，努力促进事情进展的具体目标，而不是单纯的“各项工作组织有序”。

> 有些人什么事都安排得一塌糊涂，有些人什么事都安排得井井有条。
>
> ——佚名
>
> 如果一切尽在掌握，你会进展缓慢。
>
> ——马里奥·安德烈蒂（Mario Andretti）

那么两者究竟有何区别呢？单纯的“各项工作组织有序”遗漏了关键环节：真正去完成某项工作需要通过思考和直觉决策。领会了组织工作本身的魔力之后，人们有时会做得过火，事无巨细都要进行组织安排：“咱们创立一个系统，这样你就再也不用思考了！”但这根本行不通。我创立的系统确实尽可能地减轻了人们的头脑在回忆和提醒方面的负担，但这些系统并不能取代对自身工作进行的常规行政思维。组织系统之所以存在，纯粹是为了发挥原始占位符的作用，为工作目标和关键部分起到替代作用。你仍然必须通过自己的思想、智慧和眼光把那些变动的部分整合到与世界发生相互作用的整体中去。无论你多么精通在电子表格中创建宏指令，或你的掌上电脑配件有多么复杂，你也不可能通过按键和运行公式，就得出“给弗雷德打电话”的结果。即便果真会有这样的结果，你也要再费许多心思去考虑电子表格或掌上电脑之外的更多因素，只有这样你才会相信自己对行动决策做出的判断。

通过电子邮件，我收到了咨询整理项目思维的最佳方法和工具的无数问题。人们想知道如何在项目要素之间建立联系，同时让项目与其他所有项目及其构成要素之间建立起联系。在99%的情况下，我的回答都是如此：“每周一次，彻底审视一下手头的所有项目，越详细越好。这样你的系统就会发挥作用，否则任何系统都不会发挥作用。”通过每周对项目及相关行动进行一次有意识的综合分析，你的项目就能安排得井然有序，效率惊人，因为这个过程中需要你真正捕捉、催生和实施创造性思维，而不是单纯的“各项工作组织有序”。

因为热衷于某种经历（消遣、娱乐、高效的巅峰状态），或者希望自己真正的愿望成为现实（画一幅画、写一首诗、创办一家新公司，或成功推出一种产品），我们可能会具有强烈的动机，希望为了实现这些目标而把各项工作安排得井井有条。但是，请不要因为对形式（组织）的迷恋，就分散了对功能（结果）的关注。

顺便想想……

- 你的系统中存在“过分行为”吗？在你准备的工具和建立的程序中，有哪些是你没有使用过的？哪些是可以清理掉的？
- 你感觉自己有必要去做更多的“项目管理工作”吗？你对自己承担的全部项目开展的细节和现状检查工作足够全面、始终如一吗？如果没有做到，那么怎样才能建立一种更有规律的审查流程呢？

第42章
进展越好，状态越好

开始顺畅地工作之后，在投入较少的精力就能创造更多价值的时候，你的责任心以及处理更大问题和把握更大机遇的能力都会自然而然地提升。请坚持下去。提升效能并非易事，但却能够让你受益最多。

跳跃！

> 小孩子需要练习，难道大孩子就不需要了？
>
> ——史蒂夫·沙尔（Steve Shull）

我们做出的关于何时采取何种行动的所有决策都是直觉式冒险。开会前我还有20分钟时间，是给鲍勃打个电话呢，还是写作本书第8章的内容，抑或咨询一下苏珊对新软件的看法？

无论是把事情按照

轻重缓急安排顺序的简单化处理，还是每天的工作清单，都永远无法真正帮我们任何一个人回答这个问题。无论工作安排多么井然有序，系统和流程多么完美无缺，战略和战术规划多么合乎进展节奏，最终我们还是要靠直觉去判断今天上午10点43分或下午3点22分应该做什么。

就我开展的培训工作而言，绝大部分都是围绕着为清理心理障碍创建思考流程和完善的系统展开，同时还要在适当层面做出正确的决策。这些始终都无法回答“目前我最应该做的是什么？”这个问题。

> 你必须离开舒适之城，进入直觉的荒野。在那里你的发现将非常奇妙，你将找到自我。
>
> ——艾伦·阿尔达（Alan Alda）

在资源配置时可能需要凭借直觉做出判断，由此带来的无休止的责任，人们往往避之唯恐不及。正是因为这种原因，优先事项安排或每日工作清单这样的架构才看起来像是一种非常吸引人的“把握问题”途径。但现实情况却有办法让我们更加警觉。随着阅历的丰富，我们生活和工作中的复杂性、可变因素以及需要微妙处理的事情都会大幅增加。在大部分情况下，简单的回答都过于简单化。

那么，我们怎样才能确定下一步的行动呢？做最坏的打算，设想最好的情况，放弃中庸之道。“做最坏的打算”就是处理好所有未完结的零星问题，不要让自己受制于含混不清和未能重新确定的承诺造成的自怨自艾。“设想最好的情况”就是要关注最积极的结果并全身心地投入其中。“放弃中庸之道”就是要敢于改变。

“心如止水”的方法当前并不能取代对头脑聪明、意识清醒的需要，不过它能让你从坚实的信任平台上进行直觉的跳跃，而不是从滑溜溜的希望基础上跳跃。

顺便想想……

- 在自己的生活和工作中做出重大决策时，你现在感觉更容易还是更困难？有没有可以吸取的教训？
- 你认为现在应该凭直觉去冒什么风险？如果真的去冒险，那么可能出现的最糟糕的情况会怎样？最好的结果呢？
- 在生活中，你对自己做过的事还是未做的事遗憾更多？

第43章
相信自己的行动选择，需要多层面的自我管理

如果想让投入生活和工作细节的精力发挥最大的价值，那么建立明确的长期目标可能还不够。单纯的细节安排并不一定能够保证工作真正富有成效。如果时机合适，请专门拿出5分钟时间去采取一个简短的行动，以防止将来出现烦恼局面。这就像清晨避开乱糟糟的工作篮去思考战略目标如何进展一样，是一种非常恰当的行事方式。

现在是上午9点45分，我该做些什么?

此时此刻，我最该做什么呢？直到现在，我仍然在思索这个问题的最佳答案。说实在话，我想，无论谁想给你一个简单的公式作为答案，他实际上都是在向你推介一种理念。在这个决策过程中，无论具体情况如何，都有许多复杂的可变因素发

> 理想主义者相信较短的时间无关紧要，愤世嫉俗者认为较长的时间无关紧要，而现实主义者则认为短期内做的事情或没有做的事情会有长期影响。
>
> ——西德尼·J·哈里斯（Sydney J. Harris）

挥作用，但这个问题的最终答案就是：相信你的直觉。不管是谁，如果他告诉你，关于怎样获取、理解和分析那些潜在准确的直觉信息有一种简单易行的方法，那么这个人也是在推介一种理念。

对知识工作者来说，至少有3套动态机制对我们的决策发挥着影响，其大致顺序如下：

1. 背景（此刻我可以做什么？）
2. 工作类型（该去做已经明确要做的事情，还是去完成刚刚出现的意料之外的任务，抑或是处理一下手头情况、更新工作清单？）
3. 工作层面（该关注需要回复的电子邮件、需要完成的项目、需要承担的职权范围、需要推进的目标，还是需要履行的义务？）

> 琐碎无用的东西造就完美，但完美却绝非琐碎无用的东西。
>
> ——米开朗基罗（Michelangelo）

如果忽视了上述3个方面中的任何一个方面，那么你就会冒巨大的风险。如果能改进上述任意一方面的管理情况，那么你都会体会到激情四射的感觉。

1. 背景：在大楼另一层的某间办公室里，要召开的会议已经延误了一段时间，让你吃惊的是，会议还要再等15分钟才召开，这时你手头有没有解决所有未竟之事所需的全部电话号码？如果没有的话，那么这说明你倾向于消极被动，而不是积极主动，你内心所受的压力可能会不断增加。如果你确实有这种清单，确信上面有你需要拨打的全部电话号码，那么你就能更轻松自如地发挥作用。

2. 做工作和明确要做的工作：如果你不想处理500封电子邮件，那么弄清楚这些邮件的重要性和你需要如何去做，这样你才能决定到底花费多少精力。你的行动可能源自回避而不是投入。如果因为你感觉自己确实需要“理清障碍”以腾出精力考虑其他事情，于是及时处理这些邮件，那么你会取得超常发挥的效果。

> 逃避责任很简单，但我们却无法逃避因此而造成的后果。
>
> ——E · C · 麦肯齐（E. C. Mckenzie）

3. 在多个层面做出承诺：考虑到生活和工作中出现的一些必须注意的变化，如果你很明白自己需要跟老板、配偶或合伙人进行适当的讨论但却没能及时去做，那么你在职业、心理或精神上就会处于某种程度的萎缩状态，而不是扩展状态。如果你确实能处理好那些层面上与自己以及他人的交流，那么你就会充满活力，拥有相当平衡的焦点。

人存在于多个层面之上。回避了某个层面，你就可能忽视所有层面。只要承担起了平等处理它们的职责，你就会发现享受和超越整个游戏的过程将变得更加简单。

顺便想想……

- 如果有30分钟的空闲时间，你今天上班时会做些什么？如果这样的机会出现，你做好准备了吗？
- 对于你来说，哪种层面上的对话现在应该进行或早就应该进行？

第44章
你的力量取决于你的放松能力

在武术领域，速度和准确性是有效动作的关键，而自我放松可以实现最大限度的控制和关注。这一点在其他方面也适用吗？如果精神紧张，你就难以最有效地击碎木板或砖块，或者对付在漆黑的小巷中突然袭击你的4个人，或者完成交易的谈判，或者与合伙人、配偶或儿子进行深度和意义最恰当的冒险谈话。你最好放松身心。如果你想做到在各个层面都能真正高效，那么请搞清楚造成压力的原因，然后加以处理——现在就做。要自我放松，手头有事情时要能关注手头的事情，而不是反应过激或反应不足。这是一种高超的技能，也是你具备最强大的力量的必要条件。

自由/效率方程式

我从书中读到，工作效率的历史就是个人自由的历史。这个说法的背景是，社会中的个人自由度与每个人或每次努力的高效能程度是相关的。尽管我并非工作史方面的专家，但单凭直觉判断，这一点似乎是正确的。让我感到惊讶的是，即使就我们自己的意识来说，这句话也很有道理。头脑越自由，我们就越能体验并实现更多的创意成果。但如果头脑受到束缚呢？我们怎样才能实现头脑的自由呢？

> 夫唯不争，故天下莫能与之争。
>
> ——老子

实际上，多数人一直在思考自己生活和工作中的大量事务，却没有什么实际效果，反而分散人的精力，还带来不必要的压力。如果这算不上一种奴役，至少也是一种制约。为什么会出现这种情况？难道大脑就像暴君一样，在控制我们、惩罚我们吗？并非如此，它其实是个非常不错的仆人，但不是特别聪明。尽管如此，它仍在想方设法履行我们内心的承诺，以及我们与他人及自己达成的协议所强加给它的各项义务。它就像个小孩子，

> 一个非常实用的自由定义，只有通过在人类生活的主要方面探讨自由的原则才能找到。也就是说，要在人类训练他们的反应、学会控制环境的过程中探讨。
>
> ——沃尔特 · 李普曼
>
> （Walter Lippmann）

在不停地恳求我们："别忘了，我们必须为此采取行动！我们有事情要做，可我们还没有搞清楚要做什么！"等等，让人难以忍受……

遗憾的是，我们心理的这一部分没有任何过去和未来的感觉，因此它的运行方式就好像所有的事情都必须毫不拖延地立刻处理一样。它会随时拉动链条指挥我们，但通常不会在我们可以采取有效行动的时候。它让我们想起那些没电的电池，而不是商店货架上摆放的电池。

我们头脑中真正聪明的那一部分（与连绵不断的思维截然不同），可以在适当的时候实施控制。它能识别生活和工作中的协议和未完成的事务，判断完成这些工作所需的行动，同时完美地协调所有可能的选择。它很清楚，每次只能做一件事情，也能接受不去做某些事情。它可以创造出真正的心理自由需要的环境。不过除非借助某种外部的客观而又可以审查的系统，来管理所有的后果和行动，否则它并不能完全控制某种状况。

在我举办的研讨会上，有时我会从那些看过我的清单和系统的人那里得到反馈。他们说："哎呀，无论我怎么努力地思考和分析，也不会提高工作效率——只会浪费时间！"我很理解他们的这种反应。从期望实现的目标和需要采取的后续行动来看，人们尝试使用的系统大多不够完整或不太明确，因此使用这种不全面的系统的人永远不会获得真正的自由。那何必去做呢？我也不会这样做的。

不过假如你确实注意自己内心世界关注的问题以及如何应对（确定目标、采取后续行动，而且在完整可信、适时评估的系统内安排行动提示），那么你就会积极地投身其中。随着自由程度的提升，你自然也就会获得更高的效率。

顺便想想……

- 最近你在什么时候曾经感觉自己最自由？你是如何做到的？怎样才能有更多的这种体验？
- 你感觉自己什么时候效率最高？这跟你集中精力的能力有怎样的关系？
- 在你的生活中，什么因素给你制造了最大的背景噪声？怎样才能将其平息？

第45章
预料之内的意外算不上意外

如果制订计划时就想到计划可能会受到干扰，那么你就能稳定地推进计划。拒绝承认现实的不断变化会滋生对抗情绪和挫折感。抱怨外在的干扰会造成效率低下、死气沉沉的局面。你要消除那些干扰因素，或者把它们作为工作的一部分内容接受下来加以整合，然后继续开展工作。

高效工作的同时，留意路上的“陷阱”

> 悲观者抱怨风，乐观者期望风向改变，现实主义者则调整航线。
>
> ——威廉·阿瑟·沃德
>
> （William Arthur Ward）

正向思考是件棘手的事情。一旦你清醒地认识到自己的想象力具有的那种创造力，单纯关注成功的场面和结果似乎就成了唯一的出路。但是，想要过上最好的生活，有时候你必须做最坏的打算。

很多自我意识疗法和教育研讨会都至少会抽出一段时间去探究过去的一些“消极”事件或经历。然而，随着对前瞻式展望原则的进一步熟悉，我开始怀疑是否有必要这么做，我会扪心自问：“为什么探究自己不想再去探究的事情呢？”后来我明白了其中的缘由。如果下意识地惧怕某种体验，或对其心存某种看法，那么我将在某个层面受到它的控制。我会发现自己无意识地再次回忆起相同或类似的经历。为了克服这种状况，我必须接受这种情况，正确认识其影响，原谅先前的做法，然后把自己从消极影响中释放出来，真正得到自由，从而可以全身心地追求渴望实现的目标。

> 我经常发现，拯救危急局面的东西，往往显得最具威胁。人必须找到自己最恐惧的东西，在这个过程中……会出现闪烁的拯救性的光和能量，即使不能带来英雄般的气概，无论如何，它们也会让因恐惧而颤抖的凡夫俗子再向前迈一步。
>
> ——劳伦斯·范·德·波斯特（Laurens Van Der Post）
>
> 勇敢并不意味着无畏，而是知道有比恐惧更重要的东西。
>
> ——安布罗斯·雷德蒙（Ambrose Redmoon）

如果这听起来过于注重个人发展，那么请考虑一下这条原则在商业领域的积极应用。在某个阶段，出色的管理或项目团队都应该考虑一下：“会不会有什么地方出差错？我们能处理吗？”这是在唱反调吗？是毫无效果的消极思维吗？绝非如此。这是非常必要的，不仅可以推动工作的进展，更重要的是，你可以直面最糟糕的局面，并从意识和心理角度去加以应对。考虑过死亡可能性的士兵更可能无所畏惧地面对敌人。他们并没有消除内心的恐惧，而是超越恐惧，摆脱了死亡的可怕影响。

消极思维——满怀恐惧或沮丧地沉湎于不愉快的事情，会导致人们畏首畏尾。但是，直面可能出现的不理想情况并将自己的经历融入工作进程，却可以提升你的认识水平，增强你的力量。有些事情你越是抗拒，越难以摆脱。你越是担心，坏事越会出现。如果以“积极思维”为借口，极力避免某种情况或否认某种情况此前可能发展得多么“糟糕”，那么这种情况更会让你措手不及。你对可能出现的灾难满怀焦虑，这也将左右你的潜意识，不敢冒险去寻求发展和成功。

> 生活就是你在制订其他计划时所发生的一切。
>
> ——约翰·列侬（John Lennon）

内心柔弱之人不适合始终保持争取积极结果的乐观思想。你必须愿意面对历史和未来可能出现的事情，接受它们的存在（或不存在），并向着自己的目标不断前进，这样才能真正赶走魔怪。

情况会有多么糟糕？你能应付吗？事先做好准备，你就不至于疲于应付了。

顺便想想……

- 你是否应该去分析一下生活或工作走下坡路的可能性？你可曾想过一些可能出现的紧急状况？接下来你该怎么办？
- 你最害怕失去什么？这种恐惧会影响你实现自己的目标吗？

第46章
目光越长远，进展越顺畅

审视自己工作的视角越高，人们做出的行动看起来也就越完美。从某种意义上讲，瞄准的目标距离越远，你就越能发现更多通往目标的途径，在途中修正方向的时候也就越轻松、越简单。新司机似乎总是做出很多急促的驾驶动作，他们虽然能顺利前行，但实际上视野很狭隘。

事物的节奏

最近我一直在用心思考事物的节奏问题。我更加深刻地认识到，我们建立周期以及确立和维持节奏是多么便利，比如每周召开员工例会，下午在花园散步，清晨阅读报纸，制订年度战略计划，享受年度休假和休养，每天冥思，等等；还有，工作中总要做的事情，定期联系的人，每次外出吃饭都会去的餐馆，写论文的时间间隔，等等。

如果我们能建立让自己受益的规律性行为模式，那该有多好。我们用不着去思考如何营造背景的问题，只要在当前的背景下收获自动到来的回报即可。一直等到跟投入的精力相比，这种回报呈现出减少的趋势。这才是我们进入棘手领域的时候。通常的情况是，我们意识不到现实环境已经变化，也就没能调整自己做事的方式和行为。我们一如既往地重复同样的做法，但激情却早已消失得无影无踪。

有些情况已经改变，可是在大多数情况下，我们却没能立刻明白有什么变化。想要找人一起出去闲逛的时候，老朋友已经不再是我们的选择对象。定期召开的会议上，与会人员寥寥无几，而且我们讨厌开会，因为似乎还有其他更重要的事情要做。最受我们青睐的餐馆好像也受到了冷落。公司每年一度的新年狂欢也成了负担，不再有任何吸引力。

> 正是目标的简单造就了生活的连贯性。
>
> ——威廉·布雷斯韦特（William Braithwaite）

这些形式僵化到一定程度之后，我们内心就会感到压力，以往满怀热情去做的事情现在也会拖延再三。因为最初这种安排非常不错，而且我们已经习惯于从中受益，所以现在的感觉是自己变懒了，上了年纪，或者是厌倦了。

上述任何工作都可能出现这种情况。或者也有可能某种局势的本质方面仍然没有变化，但其形式却要不断发展成为某种更具生机与活力的东西，这样才能让需要完成的工作获益最多。内心的引导机制或许会提醒你，该继续前进了。你可能会拖拖拉拉地开始混日子；或者也有可能，你凭直觉知道，要想“跟上进展”，必须做出某种改变了。

你愿意接受下面这种情况吗？更为严峻的现实可能会影响到你，你需要克制自己，努力去接受。你愿意相信吗？现在必须做出牺牲，放弃那些已经非常熟悉的习惯性做法。是不是有些事情虽然目前你仍然在有规律地做，但却已不再满怀激情？或者至少不像最初进行安排并满怀期待时那样充满动力？你是否愿意公正地判断一下自己做这件事的原因？是否愿意开诚布公地讲讲下一步的想法？尽管这可能意味着要放弃经检验发现可靠的旧做法。

> 从我们的行为举止来看，生活的主要要求似乎就是舒适和奢华，实际上让我们感到幸福的只不过是某种我们非常感兴趣的东西。
>
> ——查尔斯·金斯利（Charles Kingsley）

让我们产生兴趣的事情通常都充满活力、至关重要、处于运动发展过程中，而且与其相关的形式和外在表现都经常变化。我们感受到它们的能量，然后创造出相应的有节奏的表达。但如果我们想要保持清醒的头脑，保证不误入歧途，我们就必须遏制自己不断增长的懒散情绪，并敢于冒风险去放弃昔日的正确事情。

我的一位好友说：“坏人拒绝改变，好人则不同。”这个观点可以用另外一种方法加以阐释：如果你能与实际行动保持合拍，那么你恐怕就只能放弃昔日的有效做法，去尝试自己也拿不准是否奏效的一些做法——而且你必须尝试一下。“坏人”往往要在漫长的等待之后才会去选择放弃、重新调整和重新创建新的形式。结果公司垮掉，员工弃组织而去，昔日的光芒也一落千丈。你辛辛苦苦地设宴，可是却无人到场。“好人”愿意接受创造性过程带来的不适感，他们会因为工作缺乏活力和冲劲、不够顺畅而感觉不爽。他们按照直觉行事，努力去认识直觉的特点，发挥直觉的作用。

对尤擅此道的人来说，即使在舞池中与恋人共舞时步调不一致，他们也能忍受这种尴尬局面。他们会主动承认出了差错并重新开始，浪漫由此产生。

顺便想想……

- 你应该放弃订阅哪些杂志？阅读的杂志你应该再增加哪些？
- 虽然很清楚自己已经“激情不再”，但你却仍然在做的事情有哪些？你或许可以做其他什么事情来代替？
- 如果你确实关注自己更宏伟的目标，那么你觉得哪些新活动可能很有吸引力？
- 你最近一次为自己做出不同寻常的事情是在什么时候？是不是该再做一次了？

第47章
放慢速度以提升速度

如果只从行动层面加以关注，那么你不太会有足够的时间和精力去做自己想做的事情。你必须做到经常放手、放松，然后重新集中精神。如果过于匆忙，那么你的目光就会变得短浅，精力也会被过早地耗尽。明确目标之后，你要相信，采取的方法、安排的进程以及为实现目标所调配的资源都会在最佳时机按照宏观方案依次出现。放松一下，然后去推进你的重大项目吧！

要文火慢炖吗？

多年前接受空手道训练的时候，我发现自己进入了平稳期：不管多么持之以恒地努力练习，我似乎再也难以取得进步。这让人非常沮丧，因为我很清楚地记得，以前付出的努力浑水静置可复清。

——中国谚语

少得多，却能不断达到新的高度，取得新的成绩。为什么我这么努力，却似乎没取得丝毫进步呢？或许我只是需要更加努力地去练习！

在这个时候，教练让我停止了训练，而且是彻底停止。我不再埋头苦练，整天无所事事。连续好些天，有时候甚至连续好几个星期，我都无所事事。

没有什么东西比从容不迫的决断对人更有用。

——亨利·大卫·梭罗

要减轻迅速行动带来的压力，不妨试一下放慢速度。

——莉莉·汤姆林（Lilly Tomlin）

耐心些。耐心也是一种准备，它是行动前的行动。

——诺厄·本·谢伊（Noah Ben Shea）

然后我重新投入了训练，结果完全改观。我变得更冷静、更出色、更娴熟，似乎换了一种节奏，达到了一个新层面，风格、策略、时机、重心、力量等都有了细微但却非常关键的改善。哇，太出人意料了。

大家都在许多层面上学习、创造和成长，而有意识的层面或许最缺乏深度。我们的意识关注核心可能就像厨师长一样，负责指挥整个过程。但锅里面文火慢炖这个微妙而复杂的化学反应就很神秘了。

请相信自己的工作流程。相信自己没有见识过的那种常规方式，这种方式将通过你发挥作用，以你意料之外的方式找到解决问题的方法和途径。时机就是一切。不要过于着急，否则你会错失良机。

是否有一些事情你认为没有时间去做——感觉那纯粹是浪费时间，但是现在却觉得应该去做了？在花园中散步？与朋友共进晚餐？带着自己的团队放下手头工作出去逛逛？和孩子一起玩激光枪？暂时离开画布，直到自己忍不住重新拿起画笔？

请放松。要换挡，你必须脚踩离合器。你必须放开手脚，这样才能以更快的速度再次开始工作。最不愿意放慢速度的时候，或许就是你最需要放慢速度的时候。

顺便想想……

- 你今天可以做哪些自己认为没有时间去做的事情？
- 你的工作和生活中有哪些事项可以暂停一下？
- 你最近一次确确实实无所事事是在什么时候？

第48章
你没有时间做任何项目

你没有时间做任何项目，因为实际上你做不了项目——你只能按部就班地采取行动。在一定时间内，只有采取的合适的行动积累到一定程度，你才可以让周围的世界和头脑中的设想类似：结清税款、出售公司、为苏珊举办生日聚会等等。但这些结果并不能一步到位，而是你做了大量的细致工作之后，周围的世界才开始符合你头脑中的想象。这就是“做项目”。由于人们通常不会把项目转化为具体的行动和步骤，所以一感觉没有时间完成项目就会不去采取任何行动。现在有很多项目遭到搁置，停滞不前，其实如果搞清楚的话，你就会明白，这些项目都不乏两分钟之内就可以完成的环节。

“长期”的微妙警报

仅仅因为某些项目属于“长期项目”，目前你是否就在回避它们?

> 距离不是问题，最难的是迈出第一步。
>
> ——杜·德芳夫人（Madame Du Deffand）
>
> 伟大的法国元帅利奥泰有一次让他的园丁种一棵树。园丁提出了反对意见，说这种树生长缓慢，要一百年才能成材。元帅答道：“既然如此，更应该抓紧时间。今天下午就去种！”
>
> ——约翰·F·肯尼迪（John F · Kennedy）

在培训高级专业人士和经理人的过程中，我们经常发现冠以“长期”名目的一些项目和目标，比如“部门重组”、“组建战略工作组”、“制定个人投资战略”，等等。我问他们“这个项目的下一个行动是什么”的时候，他们通常无言以对。他们会多少显得有些局促不安，不过还是尽力解释，用下面这句话作为缺少行动的借口：“哦，这确实是个长期项目……”

长期项目和“将来/也许”清单上的事情有细微但却重大的差别。就项目来说，要么是需要尽早完成，要么不是。“尽早”可能长达7年，但这仍然是“尽早”。如果某个项目没有完成，那么在取得任何进展之前，就必须首先确定下一步的行动。如果不能确定下一步要采取的具体而明确的行动，那么“尽早”就会变成“永远不会”。

无论目标距离多远，只要你确实想去实现，那么现在肯定就可以为之做一些事情。和我们手头工作清单上的其他任务一样，作为一个项目，“登陆火星”归根结底就像“给弗雷德打电话讨论一下火星项目的预算提案”这样的事情一样，可以尽可能早、尽可能轻松地完成。

要想推迟工作、降低真正的动力，最有效的方法就是确立可以理解为“长期项目”的宏伟目标。一旦确定了那些目标或决定了那种项目，我们难免会沾沾自喜、暗自庆幸，做出一副已经完成的样子，而这只是因为我们“下定了决心”，而且完成未竟工作的动力十足。对长期目标来说，短期目标是关键性的激励因素，而随后几个小时或几天内采取的后续行动则会激发我们的灵感。

把某件事情列在自己的“将来/也许”清单上（目前我的清单上列了100个项目）绝对是有益之举。不过你要对自己诚实，认真决定这件事是该列入那张清单还是真正的项目清单。如果确实是个项目，那么不管是不是长期项目，你务必采取下一步行动，这样才能实现内心的平静。如果你没有明确下一步的行动，那么它自然就属于那种“将来/也许”要做的项目。

“长期”的意思不过是：要做到“尽快”，需要采取更多的后续行动。

顺便想想……

- 你决心实现的最长远的项目或目标是什么？你确定具体的行动步骤了吗？
- 你想要去做但却“没有时间”做的是什么项目？如果做的话，下一步该如何行动？

第49章
坚持做好小事，就能产生重大影响

真正的变化并非昙花一现般出现，而是要通过在某个新的互动层面坚持不懈地努力。拿出收入中的一小部分定期进行投资、每周参加健身课程、经常与员工或家人交流、每晚按时坐下来反思一下，这些都是取得重大进步的关键途径。

关键的20%

我们有位客户是一名经验丰富的高级经理人。针对我们的工作流程，最近他提出了一些有趣的反馈信息。他说："你们的方法对关键的20%这一层面很有用。谁也不会努力承担自己能力水平200%的任务，但大家经常承担低于自己承受程度10%的任务。低于10%的时候，你会感觉糟透了。但另一方面，如果你能超出承受程度10%的话，情况就会发生变化，你会感觉

> 对小事不感兴趣的人，对大事感兴趣也是骗人的。
>
> ——约翰·拉斯金（John Ruskin）

心满意足。这充其量不过是20%的问题，但从一个层次转变到另一个层次却是一次重大突破。你们的方法非常简单而根本，但其深刻之处正体现在带来这种差别的能力上。”

> 最终起决定作用的还是对细节的关注，例如棒球中场手向左多走的两步、销售人员记住的客户的名字、恋人打来的电话、士兵擦拭新的武器等等。这些细节是胜利者与失败者、成年人与幼稚孩童的差别所在，也经常是战场上幸存者与战死者的差别所在。
>
> ——戴维·努南（David Noonan）

此前我一直没有从这个角度考虑过我们的方法，但事实的确如此。要明确项目的价值、决定采取何种行动、全面彻底地进行项目管理，我们的方法也非常有效。它并不介绍新技能或行动方式。它是要激励我们主动而不是被动采取那些行动，在生活和工作趋于平庸时积极加以掌控。

潇洒的冲浪和被波浪冲击有天壤之别，但造成这种差别的原因恐怕远远没有你想象的那么复杂。

难以处理的是，要制造出极其不好的后果，需要的也是同样反复出现的少量消极行为。尽管习惯性的自怨自艾似乎无关紧要，却会降低我们的自尊心和总体业绩。如果听任小问题随意发展，那么也同样可能导致极为严重的后果。

无论哪种方式，我们有规律地做的那些小事都是促成我们期望获得的重大结果的关键因素。

顺便想想……

- 回想一下生活中的重大、持久而又积极的变化。你一直在做的哪些琐碎事情促成了变化的实现？
- 目前如果选择定期去做一件小事，哪件事可能给你带来潜在的巨大回报？

第50章
亲力亲为才能了解事物

知识的真正发展需要有目的的活动。如果在做事之前先等待别人给你讲解或指导，那么这两种情况可能都不会出现。在尽职尽责地调动身心和精力投入工作中去的过程中，借助其他方式无法搞清楚的一些情况就会呈现在你的面前。

谁真正对效率感兴趣?

> 知识必须经得起行动的检验。除了试验，你所有的检验无一不是想象的。
>
> ——索福克勒斯（Sophocles）

经常有人问我们：“怎样才能让身边的人支持这种工作方法？这种方法非常简单，能让我们的生活、工作以及人际关系变得简单得多！”伴随这句话的，是一种无言的沮丧：“你看，我搞清楚了这样做的价值，可他们怎么就做不到呢？”

为什么有些人领会了这种提升效率的方法，但其他人却没有呢？为什么我们有可能让14岁的学生和首席执行官、中层经理或开车带孩子参加体育活动的妈妈一样领会这些效率原则的精神呢？为什么某位经理、首席执行官甚至带孩子参加体育活动的妈妈都能采纳这种方法，而从事同样工作或具有类似性格的另一个人却做不到呢？

经过20多年的研究，我发现，最深入地贯彻执行我们提出的效率方法的人和企业有一个共同点：他们具备始终向前的内在动力。这并不是简单地说说而已，也不仅仅是有一种“希望改善”的观念，而是一种深层次的努力，要为自己或至少为他们负责的事情创造某种更美好的未来。正是因为这个原因，看上去非常相似的人和组织会对我们的方法有不同程度的兴趣。他们希望更轻松、更迅速、更完美地完成任务的动力可能会有很大差别。

> 没有什么能比动作更具有表现力。
>
> ——玛莎·格雷厄姆（Martha Graham）

这里有个始终存在的矛盾：最不需要我们的方法的，恰恰是使用我们的方法最多的人。为什么呢？因为他们已经坐在了司机的位置上，已经开始运动。如果没有足够的勇气相信自己能掌控局面，那么你甚至不会考虑能更妥善地加以处理的那些选择。如果不在某种程度上推动自己前进，那么你就没有任何

> 胆敢浪费一小时的人实际上并没有发现生活的价值。
>
> ——查尔斯·达尔文

真正的参照点，没法确定是否做到了“更轻松、更迅速、更完美”，虽然你可能已经掌握了这些方法。

关于提升效率，有一条简单但却不那么显而易见的真理：如果不认同进一步发展到某个水平或层次的目标（以及在此过程中经验的提高），那么你可能就不会投入精力去探索如何改进工作。你还必须愿意承认自己或许要改变某些行为方式。如果对促使某件事情发生感兴趣，而且确实讨厌浪费资源或给自己施加过大的压力，你就会积极主动地去探索自己目前可能还不太清楚的最佳方法。

一级方程式的赛车团队之所以不惜数千小时和数百万美元去测试安装最精密的流程、系统和驾车方式，为的就是在关键时刻或许能够获得微小的优势。但如果你觉得自己并不是在参加比赛，或者不在乎自己能够把手头的工作做多好，或者不是真正需要减轻自己的压力，那么这些投资无疑就是浪费时间和资源。为了摆脱令人厌倦的事物，尽自己所能去做事情似乎也很令人讨厌。对业绩出色的人来说，研究和磨炼的流程未必一定是最具战略意义的核心问题，但他们却总会调整自我，随时准备把握这种机遇。

> 我不认为需要是发明之母。在我看来，发明直接源自懒散，也可能源自懒惰，目的是避免麻烦。
>
> ——阿加莎·克里斯蒂（Agatha Christie）

因此，如果并非所有团体成员都能接受把“我们究竟要实现何种目标”以及“随后采取什么行动”作为工作中的操作性问题，那么你也不必灰心。如果你的配偶、老板、助手或十几岁的儿子并不是特别愿意把自己的承诺和联系具体化并进行周密的管理，那么你也不要过于吃惊。毫无疑问，你和他们会有一些共识，但对其中许多人来说，你很可能就像来自火星那样奇怪。

我们努力的目标是：将来有一天，从一开始，我们的教育体系中将会仿效、传授这些思维过程，而且它们能受到人们的期待。或许到那个时候，它们会变成多数人的标准操作流程，而我们也将面对更大、更好的问题和机会。与此同时，我们也将非常乐意去支持那些真正希望接受并运用这些方法的人。

顺便想想……

- 在今后18个月内，你希望自己的各方面情况有多大改观？你能尽量轻松地实现这个目标吗？
- 你感觉自己的系统、流程或做事方法能经得起多大程度的改进？

第51章
动中求变更容易

练习空手道的时候，你很快就会明白：和对手搏击时，一定不要停止移动。只要你在移动，那么做出反应和运动就容易得多——即使在你需要反方向运动的时候也是如此。开始运动比改变方向需要付出更多的努力。如果对自己生活的任何方面都积极地投入精力，那么你就可以更轻松地应对变化并做好各种事情。

不知所措？请掌舵

我拥有自己的帆船后，一位老船长给我提了一条不错的建议，他说："如果有人晕船，就让他来掌舵。"如果你有晕车的感觉，消除恶心感觉的一个最好方法就是紧盯地平线，而抓住方向盘的效果更好。我从没听说过有谁开车的时候还晕车。

如果你在亲自开车或驾船，那么就能实现更高层次的平衡。

收集、处理、组织整理，并以直觉处理手头所有工作的方法会让你感觉更好，主要原因并不在于这种方法会让我们可以做更少的工作，而是因为它自然而然地让你回到了司机的位置，回到了自己世界的中心。你成了事物发展变化的原因，而不是结果。

> 人们之所以感觉河流如此宁静，是因为它没有任何疑虑。它很清楚自己的流向，而且不希望向别的方向流动。
>
> ——哈尔 · 博伊尔（Hal Boyle）

尽管过多的任务似乎给人带来很大的压力，可它们并非真正的罪魁祸首。在很多情况下，如果能克服“种种困难”去工作，你在这样的情景之下依然能够蓬勃发展。不妨体会一下单枪匹马驾船驶入蔚蓝色大海的感觉，或者某个早晨起床后什么都不去做的感觉！

> 驾驭你的事业，否则它将驾驭你。
>
> ——本杰明 · 富兰克林
>
> 如果骑着单轮车抛接链锯的时候发生了地震，那么求生的唯一途径就是固定住所有能固定的东西，这样你才能应付那些不能固定的东西。
>
> ——史蒂芬 · 查克温（Stephen Chakwin）

如果你失去控制，不再投入自己的精力，那就需要担心了。实际上，我们都受到一些难以控制的因素的摆布，而且大家都明白，有时候屈服于宇宙中某种更宏大的因素（或与其合作）才是真正的游戏。这种放弃实际上是一种积极而目标明确的精力投入方式，根本不是被生活中的诸多琐事所伤害的那种难忘经历。

回避需要注意的那些事情就如同努力防止船触礁一样。通过回答“你希望有怎样的结果”和“下一步如何行动”这类问题（哪怕是针对办公桌上堆积的文件呢！），你就能够重新掌舵。

顺便想想……

- 在不清楚自己该做什么的情况下，你做哪些事情可能确实有用？

第52章 最伟大的成功源自最惨重的失败

导弹和火箭升空后在大部分时间里都偏离了轨道，之所以能够到达目的地，是因为它们在途中一直校正路线。只有参加游戏你才会犯错误。请参加你可能获胜的游戏，即使屡屡失败，最终你也会获得胜利。

更佳选择之年

> 才华横溢的人成千上万。我或许还要祝贺你很有远见。但是，唯一重要的是，你有后劲吗？
>
> ——诺埃尔·科沃德（Noël Coward）

最近一段时间，我有过一次意识最清醒的时刻。当时我有个想法，我准备不再以具体事情的成败衡量自己的成功，而是以自己在某段时间内所做的更佳选择的比例作为衡量标准。

似乎大家都在为毕业舞会做准备，但我们许多人忘记了在此之前我们必须先学会跳舞。

——艾伦·哈林顿（Alan Harrington）

以成功为目标，不要以完美为目标。永远不要放弃自己犯错误的权利，因为那样的话你将丧失学习新事物的能力，开始随波逐流。请记住，恐惧就隐藏在完美主义之后。要敢于面对恐惧，允许自己表现出人性的弱点。有点儿矛盾的是，这样可以让你成为一个幸福得多、效率高得多的人。

——戴维·M·伯恩斯博士（Dr. David M. Burns）

于是我做出决定：今年将是我的更佳选择年——而且希望今后每年都是如此。即使在不情愿的情况下，我多久会锻炼一次？没有时间的时候，隔多长时间去帮助别人？如何从战略角度去考虑，而不是单纯地忙碌？如何关注具有创意或激发灵感的事情，而不是迎合自己不甚高尚的冲动？如何做到节俭而不是浪费，或者浪费而不是节俭？

我曾经读到一篇文章，说我们每个人每天会产生5万个想法（不知道他们怎么计算的！）。不管数字到底是多少，每个数字都是一次机会，让我们可以选择自己要有怎样的想法，或至少还要想哪些事情。我并不责怪自己曾经有过“要是公共汽车从身上轧过去该怎么办”这类想法。我面临的挑战是要不要继续关注这个问题。

我很清楚，我不会始终做出最好的选择。每次没有做出最好的选择都是贬低自己的一个绝好机会，可以把自己看作世间最无用的懒虫，此后不配有任何好的际遇。这种约束自我的选择我已经做了很多次。通常的情况是，我们用自己的成败观套住了自己。我们拿起球拍但却没击中球，然后又因为不精通棒球而自暴自弃，结果只能退出比赛。

有些客户曾经和我们一起花费许多宝贵时间设置效果更好的新工作流程，结果在不能“让流程运转”的时候，他们感觉很内疚，因为他们认为“应该能做到”。因为我们的方法非常简单，而且是以常识为基础的，他们认为本该立刻就能领会的，而且这种固定的做法他们再也不会动摇。因此出现疏漏的时候，他们可能会想要放弃朝着最高效率的更高层次奋斗的进程。“如果连这么简单的流程我都无法让其立刻奏效并持续发挥作用，那还费力尝试什么呢？”

多年前，我曾经有一位出色的高尔夫球教练。他说：“不要担心成绩，也不要担心落入水中的球。你只要知道，每次打球时，都要打出更优异的成绩！”这是一条中肯的建议。今年我比去年打得更精彩了一些。这种态度激励着我一直参加这种游戏，并不断取得更好的成绩。

放下这本书的时候，你应该选择一下自己该去关注什么，以及采取怎样的后续行动。请自由发挥你的才能，或许你真的会有很好的安排。如果没有，也不必担心。今晚睡觉前，你还有很多机会。

顺便想想……

- 列举生活中你比较擅长的3种游戏。如果你想玩一种别的游戏，会是什么？
- 最近你有没有犯过相当严重的错误？

gtd

part 5

注意基本要素

要做好应对一切的准备，需要我们具备高效做好事情的各种条件。要做好事情，首先要确定什么叫“做好”并明确怎样才是“做事情”。但是，考虑到我们在生活中要处理的事情数不胜数而且异常复杂，要照顾到方方面面，最好还是采用某个统一模式中的具体指导原则。如果你想全面了解下面介绍的最佳方式，请阅读我的《搞定I——无压工作的艺术》（最新版）一书。

工作流程的5个阶段

这是实现“横向”控制的操作指南——怎样掌握、认识并处理好自己的全部任务。第2阶段和第3阶段将在“处理与组织整理流程图”中得到进一步说明。在真正成为习惯之前，“处理与组织整理流程图”是你案头非常有效的一种工具。

1. 收集

○ 捕获吸引注意力的一切外部事务（工作篮、电子邮件、笔记本、语音邮件等），并将其从大脑的短期记忆中清空。

○ 根据需要尽量减少收集工具的数量。

○ 通过处理和组织整理（参考下文）定期清空收集工具。

2. 处理

○　处理收集到的项目（决定如何处理收集到的材料）。

○　如果不需要采取行动，可以抛开，也可以“存入备忘录”留待日后处理，或者将其归档备查。

○　如果需要采取行动，那就确定随后采取的具体行动，要么亲自处理（如果两分钟内可以完成），要么委派他人（并通过“等待”清单跟踪进展情况），要么推迟执行（列入行动提示清单或行动文件夹）。如果一次行动无法完成某项工作，那么把这项工作当作项目对待，列入项目提示清单。

3. 组织整理

○　把收集到的输入信息结果分成恰当的可检索、可检查的类别。4种主要的行动类别分别是：

- 项目（决定实施的项目）
- 日程表（具体某一天或某个时刻需要采取的行动）
- 下一步行动（需要尽早采取的行动）
- 等待（其他人承担的项目和采取的行动，但你要加以关注）

○　增加有利于工作的次级类别清单（例如“电话”清单、“杂事”清单、“家”清单、“电脑”清单等）。

○　添加对你有影响的长远目标和价值清单。

○　添加需要时可能有用的核查清单（工作职责、“引子”清单、组织结构图等）。

○　针对无须采取行动但需要能检索的信息和材料，建立一般性参考资料归档系统。

○　针对以后可能采取行动的“引子”，建立一种存储系统（“将来/也许”清单、日程表、备忘录）。

○　必要时，为项目建立辅助信息文件（可以存储在参考系统或待处理工作文件夹）。

4. 回顾

○　每天（或者时间方便可以回顾其中某一项时）回顾日程表和行动清单。

○　每周进行一次定期回顾，清理、更新、维持和提高你的系统（参考“每周回顾”部分）。

○　尽量多回顾目标、价值观和愿景方面的长远清单，确保清单完整而且与进展合拍。

5. 执行

○　根据情境、时间、精力以及事情的重要性做出行动选择。

○　通过建立随时可供审查的“全生命”行动提示系统保

持自身的灵活性，在各种决策过程中相信自己的直觉。

○　坚持不懈、有规律地关注重要事项，确保做出最优秀的直觉选择。（“做这件事、不做那件事对我有什么价值？”）每隔适当的时间，重新审视和调整一下自己在生活和工作各个层面承担的事务：

- 跑道——当前行动（每天）
- 1万英尺——当前项目（每周）
- 2万英尺——当前职责（每月）
- 3万英尺——1~2年目标（每季度）
- 4万英尺——3~5年目标（每年）
- 5万英尺以上——事业、目标、生活方式（1年以上）

处理与组织整理流程图

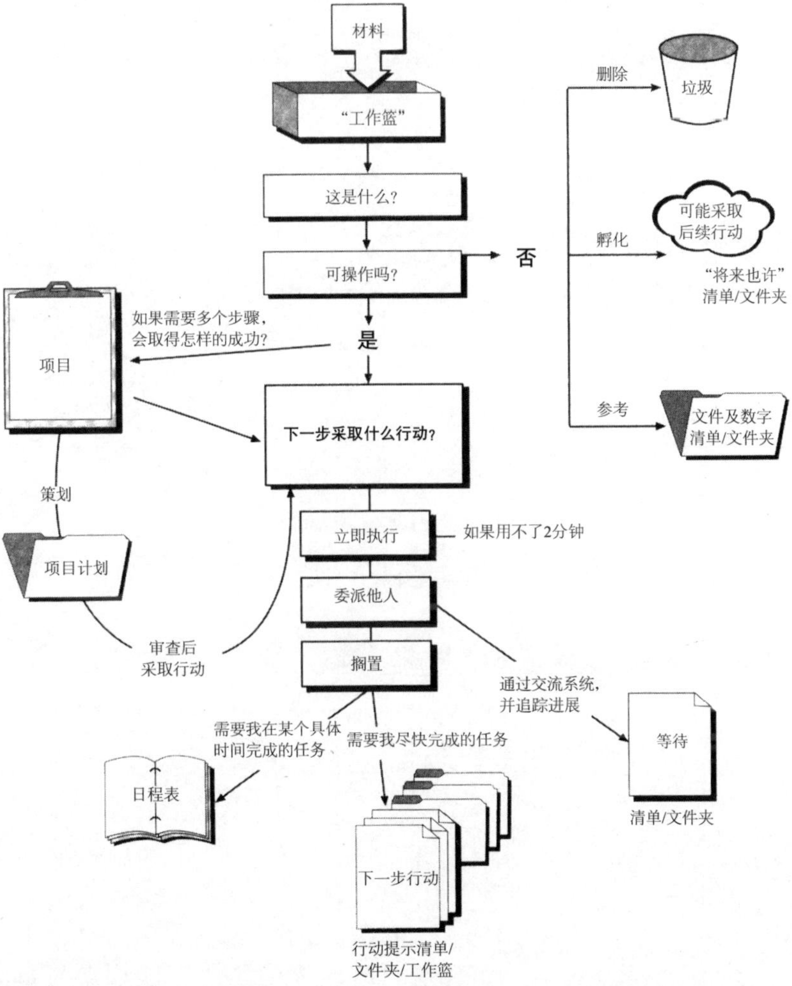

材料
“工作篮”
这是什么?
可操作吗?
否
删除
垃圾
孵化
可能采取后续行动
“将来也许”清单/文件夹
参考
文件及数字清单/文件夹
是
如果需要多个步骤,会取得怎样的成功?
项目
下一步采取什么行动?
策划
项目计划
审查后采取行动
立即执行
如果用不了2分钟
委派他人
通过交流系统,并追踪进展
等待
清单/文件夹
搁置
需要我在某个具体时间完成的任务
日程表
需要我尽快完成的任务
下一步行动
行动提示清单/文件夹/工作篮

自然式计划模式

这一模式是参照大脑自然计划各项事务的模式建立起来的。它提供的是“纵向”控制，例如考虑单个具体项目或情境的最有效方式。明确所有项目之后，要轻松自然地加以驾驭，每个项目可能都需要你在一个或多个层面投入更多关注。

1. 目的/指导原则

○ 为什么要做这件事？“有目的”究竟是什么意思？

○ 为项目做出决策、采取行动时，我们应该遵循哪些关键标准？遵守哪些规则？

○ 目的和原则是项目决策的指导性标准。

2. 使命/愿景/目标/成功的结果

○ 如果事情大获成功，将会是什么情况？我怎么知道这种情况？

○ 利益相关方会如何看待和感受那种成功呢？

3. 头脑风暴

○ 关于这件事情，我有哪些想法？现实情况如何？

○ 我知道哪些情况？哪些情况我还不清楚？应该考虑什么？还没考虑什么？等等。

○ 全盘考虑，坦诚相见，不持偏见，拒绝批判性分析。

○ 多角度分析。

4. 组织整理

○ 搞清组成要素（次级项目）、先后顺序，以及/或者轻重缓急。

○ 撰写提纲、创建符号列表，或者根据需要创建组织结构图供审查及控制。

5. 下一步行动

○ 确定对当前的独立组成要素要采取的下一步行动。（随后应该做什么？谁去做？）

○ 如果需要进一步计划，那么就确定制订进一步计划的具体时间。

必要的话，把对项目的关注层次做如下调整：

如果项目需要进一步加以明确，那么提升关注层面（例如从行动转到计划、从计划转到头脑风暴、从愿景转到目的）。

如果项目需要做更多的具体事情，那么降低关注层面（例如从愿景转到头脑风暴、从计划转到行动）。

需要多少规划工作呢？

如果你已经把项目从头脑中抛开，那说明计划很充分。如果项目还在你头脑中萦绕，那就坚持继续使用这种模式，直到项目变得明朗。

每周回顾指南

第一项挑战是按照这些模式开展工作，第二项挑战则是让这些模式充满活力、始终发挥作用。本指南将为你实现更轻松、更富效力、持续始终的生活及工作方式提供一把万能钥匙。这个流程如果发挥作用，将有助于提升管理指挥中心的思考能力和信心。如果能做到每隔7天运作一次，它将发挥出最大的效力。

散落的纸片

○　搜罗各种零碎纸片、名片、收据和各类文件，放进工作篮等候处理。

整理笔记

○　回顾一下日志/笔记本上的记录、会议记录和笔记本活页纸上潦草写下的各种笔记，分门别类地记录任务、项目、待处理事项等。

清空大脑

○ （按照合适的类别）写下还没有掌握的所有新项目、任务、待处理事项、将来/也许会处理的事项等。

回顾“行动”清单

○ 标出完成的行动，查看将要执行的行动的提示信息。

回顾“等待”清单

○ 记录为后续措施采取的适当行动，检查标出最近收到的反馈。

回顾“项目（及更重大的结果）”清单

○ 依次评估项目、目标和结果的当前情况，确保对每一项都采取了行动。浏览工作进度辅助材料，构想新的行动、要完成的任务和待处理工作等。

回顾以往的日程表

○ 仔细查看以往的日程表，搜寻未完成的工作、有用的参考数据等，将其纳入当前系统中。

回顾将来的日程表

○ 浏览一下将来的日程安排——包括长期和短期安排，记住需要采取的行动。

回顾相关的核查清单

○ 以此作为采取新行动的引子。

回顾“将来/也许”清单

○ 查看一下哪些项目现在或许可以开展了，将其转移到项目清单上，清除不再感兴趣的项目。

发挥创造力和勇气

○ 你是否有一些新奇、精彩、超越常规、富有创造力、发人深省、大胆冒险的创意可以添加到自己的系统中？

后记

总有各种意想不到的变化发生，因此我非常期待这些掌控工作及人生事业的思想与技巧能够进一步得到发展和传播。我请求你提供反馈并积极参与。

在我们定期发布的简讯中，这些主题以及类似的主题仍将得到探讨。你可以登录我们的网站（www.davidco.com，网站上还有其他免费的效率提升材料）或发送电子邮件到customerservice@davidco.com免费订阅简讯。

祝你万事顺利。

你准备好了吗?

戴维·艾伦

致 谢

非常感谢以自由职业者身份接受编辑任务的作家同行史蒂芬·辛古拉（Stephen Singular）。我们请他来回顾过去6年间我的文字作品，帮助我提炼主题，设计初始结构。他精力充沛，反馈及时，为我奠定了至为关键的基础，让我可以调整内容、强化重点、真正放手写作本书。

本书的大部分文字内容最初发布在我的个人网站上，然后以电子简讯的方式得以传播。因为这个原因，当初如果没有格雷格·菲斯克（Greg Fisk）和埃里克·麦克（Eric Mack）的专业技术，以及办公室人员，尤其是朱迪·沃麦克（Jodi Womack）的不懈支持，这些都是很难实现的。我也要感谢史蒂夫·沙尔，最初是他给了我启发，让我认识到电子简讯可以作为分享思想内容的重要平台。

感谢维京出版社的编辑珍妮特·古德斯坦（Janet Goldstein）。她的鼓励、她的深刻见解以及她的敦促让我工作不敢有丝毫懈怠。感谢我的版权代理人杜伊 · 库弗（Doe Coover），他对整个项目发挥了引领作用。

妻子凯瑟琳是为我创造写作条件的公司的核心成员，她给予我的不仅仅是她的爱。她至关重要的支持和积极的激励充分展示了她对我无限的爱，而且总是在我迫切需要的时候给予我支持和鼓励。

GTD®是Getting Things Done®（搞定）商标缩写，即戴维·艾伦独创的工作–生活管理系统，旨在帮助人们从高压和不确定状态提升到无压高效的整体状态。

在管理承诺、信息和沟通方面，GTD®是一种高效的方法，集结了30年的经验，包括在全球范围内向数百万人提供咨询服务、私人指导、培训和组织项目。它在个人和组织效率领域被称为“黄金标准”，为众多寻求最大化效率和创造力、最小化压力的团队所使用。

ThrivinAsia 是戴维·艾伦公司（David Allen Company）在中国的唯一指定合作伙伴。我们的团队和专家致力于帮助您或您的组织在工作和生活中全面而高效地实施GTD方法。

我们提供由戴维·艾伦独创的国际认证GTD®精通工作流培训和教练项目，40%的世界500强公司、创业家和创业项目、政府和非政府组织、教育机构、高科技公司都在使用我们提供的方法。它不仅能够提升你的工作效率，还能释放你的创造力，并引领你走向无压的生活状态。